Widmung

Inhalt

Inhalt

Die Früchte des Baumes

Ein Unternehmer beobachtete einen alten Mann, der sich in seinem Obstgarten abmühte, Bäume zu setzen. Staunend sprach er den Greis an: „Wenn du in deinem hohen Alter noch Gemüse anpflanzen würdest, könnte ich das verstehen. Aber Bäume zu setzen, die ihre ersten Früchte erst in einigen Jahren tragen, kann ich beim besten Willen nicht nachvollziehen."

Der Greis erwiderte ihm mit einem Lächeln: „Das sind zwar meine Bäume, aber ich pflanze sie nicht für mich. Meine Nachkommen werden deren Früchte ernten, so wie meine Vorfahren diesen Obstgarten angelegt haben, von dessen Früchten ich mein Leben lang beschenkt worden bin."

Der Unternehmer bedankte sich für die Antwort und ging nachdenklich weiter. Der alte Mann schien seine Gedanken lesen zu können und dachte bei sich: „Nun haben meine Bäume, die erst in Jahren abgeerntet werden können, wohl jetzt schon Früchte getragen!"

Die beste Zeit,
einen Baum zu pflanzen,
war vor zwanzig Jahren.
Die nächstbeste Zeit ist jetzt.
aus Uganda

Wertschätzung

Johann saß über seinen schweren hölzernen Schreibtisch gebeugt und dachte zurück an die Zeit, als er seine Firma gegründet hatte. Das waren sehr anstrengende Jahre gewesen, mit sehr viel Arbeit. Trotz dieser harten Zeit hatte er bis heute treue und zuverlässige Mitarbeiter an seiner Seite. Stets machten sie unaufgefordert Überstunden oder kamen sogar am Wochenende in die Firma, um die dringenden Aufträge zu erledigen. Alle Beschäftigten waren sich ihres Wertes und ihrer Verantwortung bewusst und hatten Freude an der Arbeit. Die Firma florierte stetig über die Jahre hinweg, sodass ihr 30-jähriges Bestehen im letzten Jahr noch groß gefeiert werden konnte.

Einige der treuesten und verdientesten Mitarbeiten hatten sich jedoch in den letzten Monaten in ihren wohlverdienten Ruhestand verabschiedet. Johann hatte diese durch neue, junge Angestellte ersetzt. Es dauerte nicht lange und es bildeten sich in der Firma zwei Lager. Die Alten sprachen nur noch von den „jungen Spinnern" und die Jungen mokierten sich über die „verstaubten Alten". Immer mehr Beschäftigte beschwerten sich über das zunehmend ungute Betriebsklima und hatten die Nase voll davon, dass nur noch „schmutzige Wäsche" gewaschen wurde. Johann grübelte, wie es ihm gelingen könnte, das bis vor kurzem so gute Klima in der Firma wieder herzustellen – und hatte einen Geistesblitz. Bereits am nächsten Tag setzte er seine Idee in die Tat um. Nachdem der letzte Mitarbeiter die Firma verlassen hatte, spannte der Firmeninhaber eine Wäscheleine über den ganzen Eingangsbereich, über die Treppe und die Flure bis zur obersten Etage.

Er befestigte vereinzelt Blätter mit einer hölzernen Wäscheklammer daran. Auf jedem Blatt stand eine andere positive Botschaft. Die Reinigungskraft etwa bekam ein ehrliches Lob dafür, dass sie sogar in den Toiletten frische Blumen aufstellte. Die Empfangsdame, die die Namen aller Mitarbeiter kannte, sowie alle Kunden mit extremer Höflichkeit begrüßte, erhielt ein großes Dankeschön. Auf anderen Blättern fanden sich ein besonderes Lob für ein Entwicklungsteam, eines für den Küchenchef der Kantine, ein weiteres für die patente Sekretärin … und auch so manches Zitat entdeckte man unter den Botschaften, etwa jenes von Mark Twain: „Gib jedem Tag die Chance, der schönste deines Lebens zu werden." Oder: „Es ist wesentlich wichtiger, sein Bestes zu geben, als sich mit den Besten zu vergleichen."

Auf jede Etage hatte Johann Körbe mit Blättern, Stiften und vielen hölzernen Wäscheklammern gebracht.

Im Laufe der nächsten Wochen füllte sich die „Leine der Wertschätzung", wie sie nun genannt wurde, mit vielen berührenden Botschaften. Wie durch ein Wunder anerkannten die jungen Mitarbeiter den enormen Erfahrungsschatz der Älteren. Und die neuen Ideen der Jüngeren wurden nun bestaunt und etliche davon auch sehr erfolgreich umgesetzt.

Noch Jahre später fanden sich immer wieder Botschaften, die große Wertschätzung ausdrückten, an den Arbeitsplätzen – und stets waren sie garniert mit einer hölzernen Wäscheklammer.

Glück

Je stärker man sich bewusst macht,

wofür man im Leben dankbar sein darf,

desto weniger Gründe finden sich,

unzufrieden im Leben zu sein.

DANKBARKEIT und ZUFRIEDENHEIT sind

eng verbunden mit GLÜCK!

Dankbarkeit

Die beste Medizin gegen Unzufriedenheit
ist Dankbarkeit.
Es lassen sich immer Gründe finden,
um dankbar zu sein.
Dankbare Menschen ziehen oft
vieles im Leben an,
wofür sie wiederum dankbar sein dürfen.
Die Dankbarkeit ist ein Schlüssel zum Glück.

Klein aber fein ...

Vor langer Zeit gab es in einer Stadt einen kleinen Gewürz- und Teeladen, der über viele Generationen hinweg stets vom Vater an den Sohn weitergegeben wurde. Maria schließlich brach diese ehrwürdige Familientradition und übernahm als erste Frau das Geschäft vom Vater, da dieser keine männlichen Nachkommen hatte. Die Lieferanten machten ihr das Leben schwer, da viele nicht damit umgehen konnten, mit einer Frau Verhandlungen zu führen. Aber sie ließ sich niemals unterkriegen, arbeitete viel und hart, um zu beweisen, dass sie würdig war, das Geschäft weiterzuführen. Zu ihrem Vater hatte Maria immer schon ein inniges Verhältnis und er hatte sie schon als Kind gerne mit in den Laden genommen, ihr die unterschiedlichen Gewürze und Teesorten erklärt, sie daran riechen und probieren lassen. Sie hatte in ihrem Leben nie etwas anderes gelernt, als mit Gewürzen und Teesorten umzugehen. Als junge Frau war sie kreativ und erweiterte die alten, geheimen Gewürzmischungen, sodass so mancher Koch der gehobenen Küche zu ihr in den Laden kam, um bei ihr einzukaufen. Als Maria dachte, dass sie sich nun endlich in ihrer Stadt etabliert habe – erhielt sie die Hiobsbotschaft: Auf der gegenüberliegenden Straßenseite eröffnet ein moderner, großer Gewürz- und Teehandel.

Völlig verzweifelt erläuterte sie ihrem Vater die Lage und erklärte unter Tränen, dass sie es wohl nicht schaffen würde, das alteingesessene Geschäft gegen die übermächtig erscheinende Konkurrenz zu verteidigen. Bald würde sie kaum noch Einnahmen in die Kasse bekommen und sie fragte sich ernsthaft, wovon sie dann leben sollte.

Der Vater, der genau spürte, unter welchen Ängsten seine Tochter litt, erklärte ihr, dass sie genauso weitermachen müsse wie bisher! Aber sie solle künftig jeden Tag, wenn sie das Geschäft aufsperrte, ihren Laden und ihre Kunden segnen, und anschließend solle sie ihren Konkurrenten und auch dessen Kunden segnen.

„Aber Vater", sprach die Tochter empört, „ich kann doch nicht diesen Menschen segnen, der mir mein Geschäft ruinieren wird!"

„Meine Tochter", sprach der weise Mann, „habe ich dich jemals schon schlecht beraten?" Da senkte Maria den Kopf und versprach, wenn auch ein wenig widerwillig, dass sie den Ratschlag des Vaters beherzigen würde.

Am Anfang fiel es ihr sehr schwer, das gegenüberliegende Geschäft und auch dessen Kunden zu segnen, denn sie sah, wie viele Menschen dort ein- und ausgingen. Aber nachdem sie dieses Segensritual einige Tage vollzogen hatte, stellte sie fest, dass dadurch ihre Ängste weniger wurden und sie wieder ihren Frieden im Herzen gefunden hatte und so fuhr sie mit ihren täglichen Segnungen fort. Als Maria am Monatsende den Kassenbericht schrieb, eilte sie ganz aufgeregt zu ihrem Vater: „Stell dir nur vor", sagte sie und musste noch einmal tief Luft holen, um weiterzusprechen, „unsere Einnahmen sind trotz des Konkurrenten gestiegen und unser Gewinn hat sich sogar beinahe verdoppelt!"

Mit einem Lächeln sprach der Vater: „Ich habe nie an dir gezweifelt, deine Kunden schätzen dich und deine besonderen Gewürzmischungen. Aber vor allem die Güte in deinem Herzen wird immer dein Segen sein."

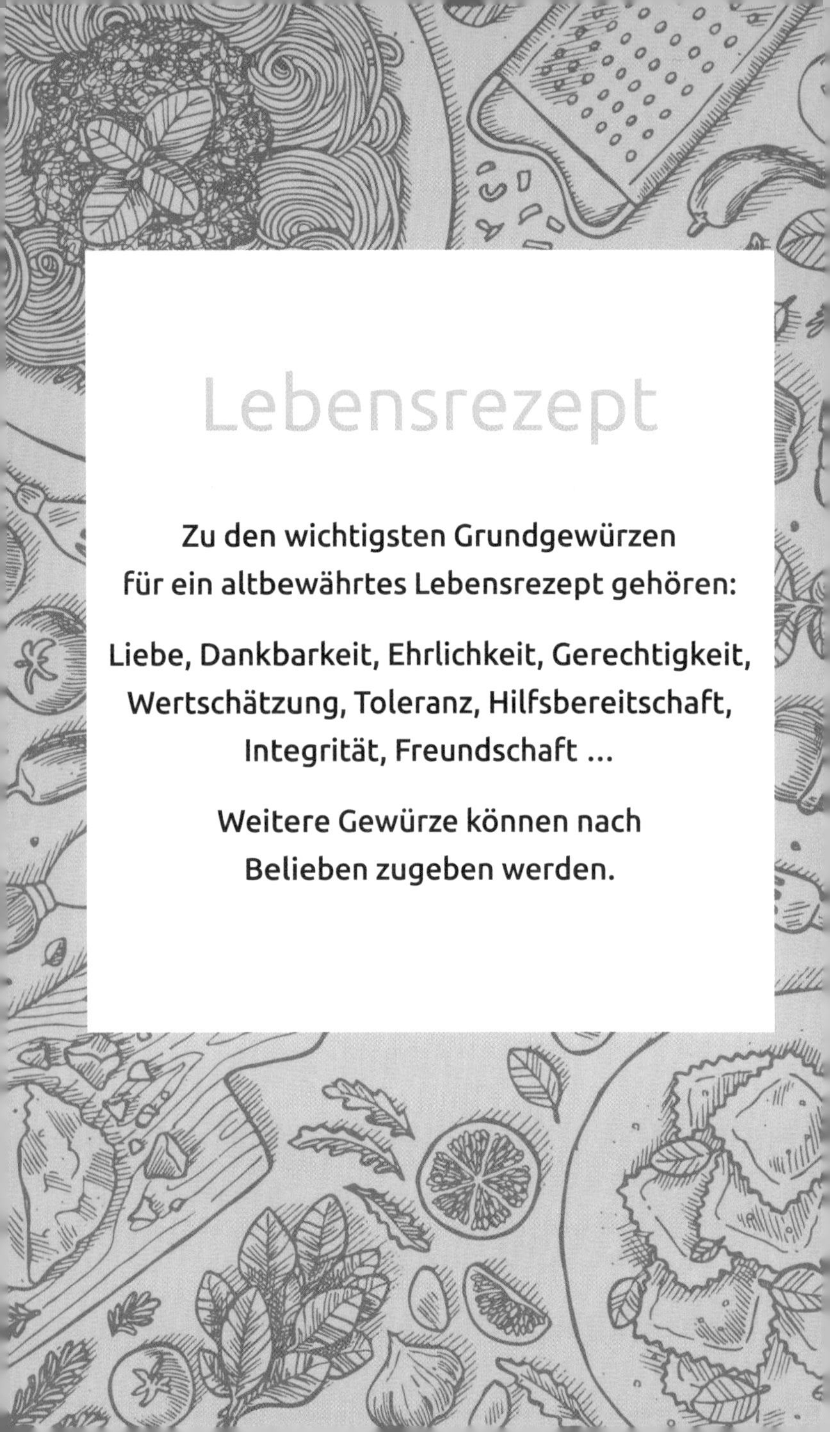

Lebensrezept

Zu den wichtigsten Grundgewürzen
für ein altbewährtes Lebensrezept gehören:

Liebe, Dankbarkeit, Ehrlichkeit, Gerechtigkeit,
Wertschätzung, Toleranz, Hilfsbereitschaft,
Integrität, Freundschaft …

Weitere Gewürze können nach
Belieben zugeben werden.

Wochenplan

ZUM GLÜCKLICHSEIN

	morgens	*tagsüber*	*abends*
Montag	Zufriedenheit	Liebe	Dankbarkeit
Dienstag	Zufriedenheit	Liebe	Dankbarkeit
Mittwoch	Zufriedenheit	Liebe	Dankbarkeit
Donnerstag	Zufriedenheit	Liebe	Dankbarkeit
Freitag	Zufriedenheit	Liebe	Dankbarkeit
Samstag	Zufriedenheit	Liebe	Dankbarkeit
Sonntag	Zufriedenheit	Liebe	Dankbarkeit

Die „Sonnenrose“

Es war einmal ein berühmter Rosenzüchter, der verzweifelt versuchte, den Löwenzahn aus seinem prachtvollen Garten zu verdammen.

Eines Tages bewunderte seine kleine Enkelin den blühenden Löwenzahn und meinte überglücklich, dass jene Blumen die schönsten »Sonnen-Rosen« seien, die es auf der ganzen Welt gäbe.

Da sah der Rosenzüchter die Pflanze erstmals wirklich an und plötzlich rührte das prachtvolle Gelb dieses kleinen Gewächses sein Herz. An diesem Tag begann er, so wie seine Enkelin, den Löwenzahn zu lieben.

Zugleich wuchsen all seine Rosen noch prachtvoller – umgeben von unzähligen „Sonnen-Rosen“.

Für Schönheit gibt es keine Maßstäbe oder Vorgaben, sie liegt immer im Auge des Betrachters.

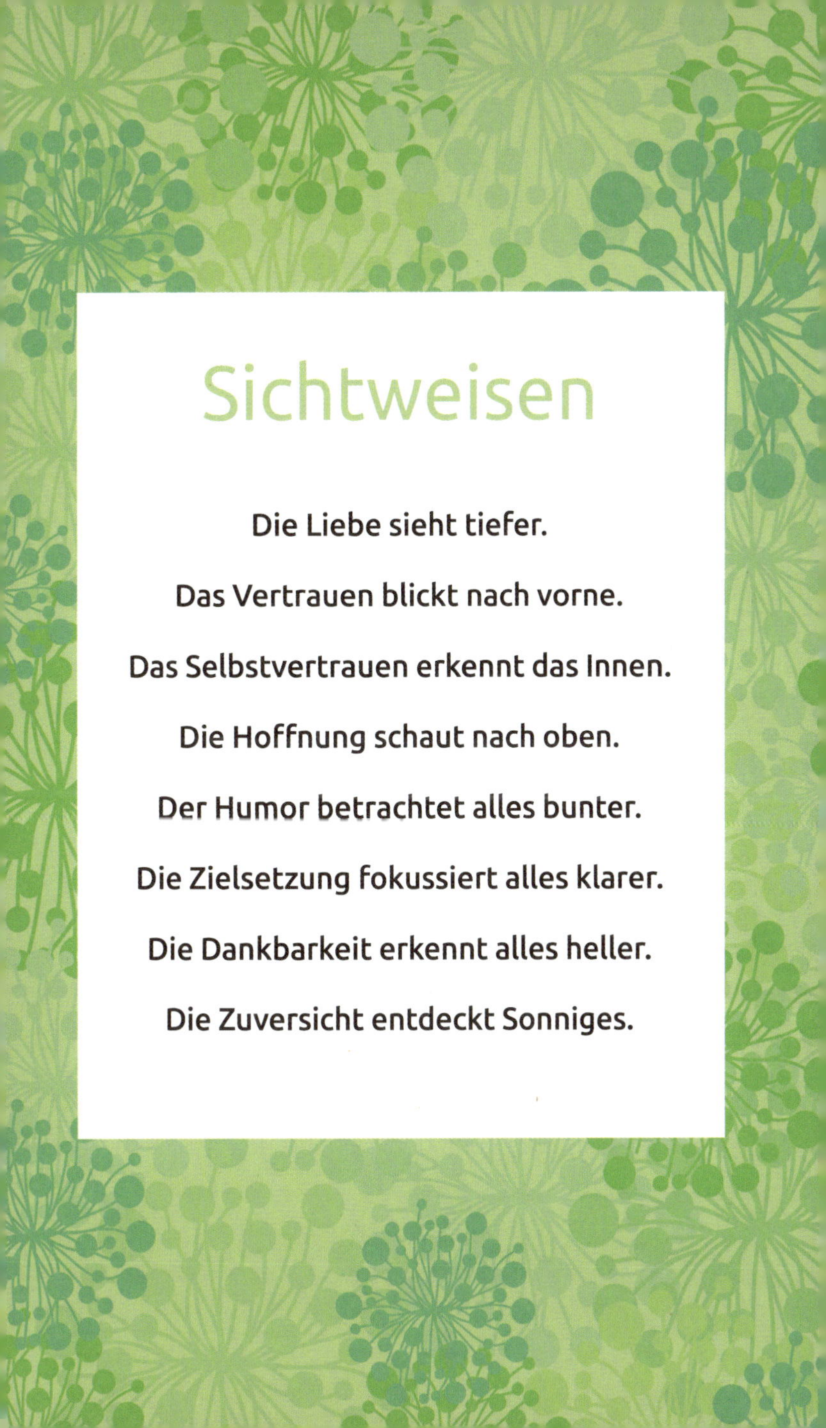

Sichtweisen

Die Liebe sieht tiefer.

Das Vertrauen blickt nach vorne.

Das Selbstvertrauen erkennt das Innen.

Die Hoffnung schaut nach oben.

Der Humor betrachtet alles bunter.

Die Zielsetzung fokussiert alles klarer.

Die Dankbarkeit erkennt alles heller.

Die Zuversicht entdeckt Sonniges.

Ein Baum erzählt

Als ich noch ganz klein war, dachte ich nicht viel über mich selbst nach. Ich war vorwiegend damit beschäftigt, meine Wurzeln zu festigen. Ganz einsam stand ich an einem Felsvorsprung und trotz meiner Anstrengung gelang es mir nicht, ein großer Baum zu werden. Ich blieb eher klein, knorrig und vom Wind gebeugt.

Immer öfter schaute ich neidvoll zum nahegelegenen Wald. Dort thronten die hohen Tannen und Fichten, die mächtigen Buchen sowie der stolze Ahornbaum in seiner Farbenpracht.

Ich beneidete sie um ihre Gesellschaft. Im Sommer spendeten sie sich gegenseitig Schatten und im stürmischen Herbst kämpften sie gemeinsam gegen den Wind.

Eines Tages wurde neben mir eine Bank aufgestellt. Von da an kamen immer mehr Besucher zu mir, um mich und die grandiose Aussicht zu bewundern. Manche ritzten Herzen in meine Rinde und ich galt nunmehr als der Baum der Liebenden.

Die alte Eiche raunte mir lächelnd zu: „Siehst du, durch unseren Wald gehen die Menschen nur hindurch. Doch bei dir verweilen sie und sind glücklich!"

Da erst erkannte ich, dass wahre Erfüllung nicht von Äußerlichkeiten herrührt. Seit dieser Zeit bin ich ein glücklicher, zufriedener Baum.

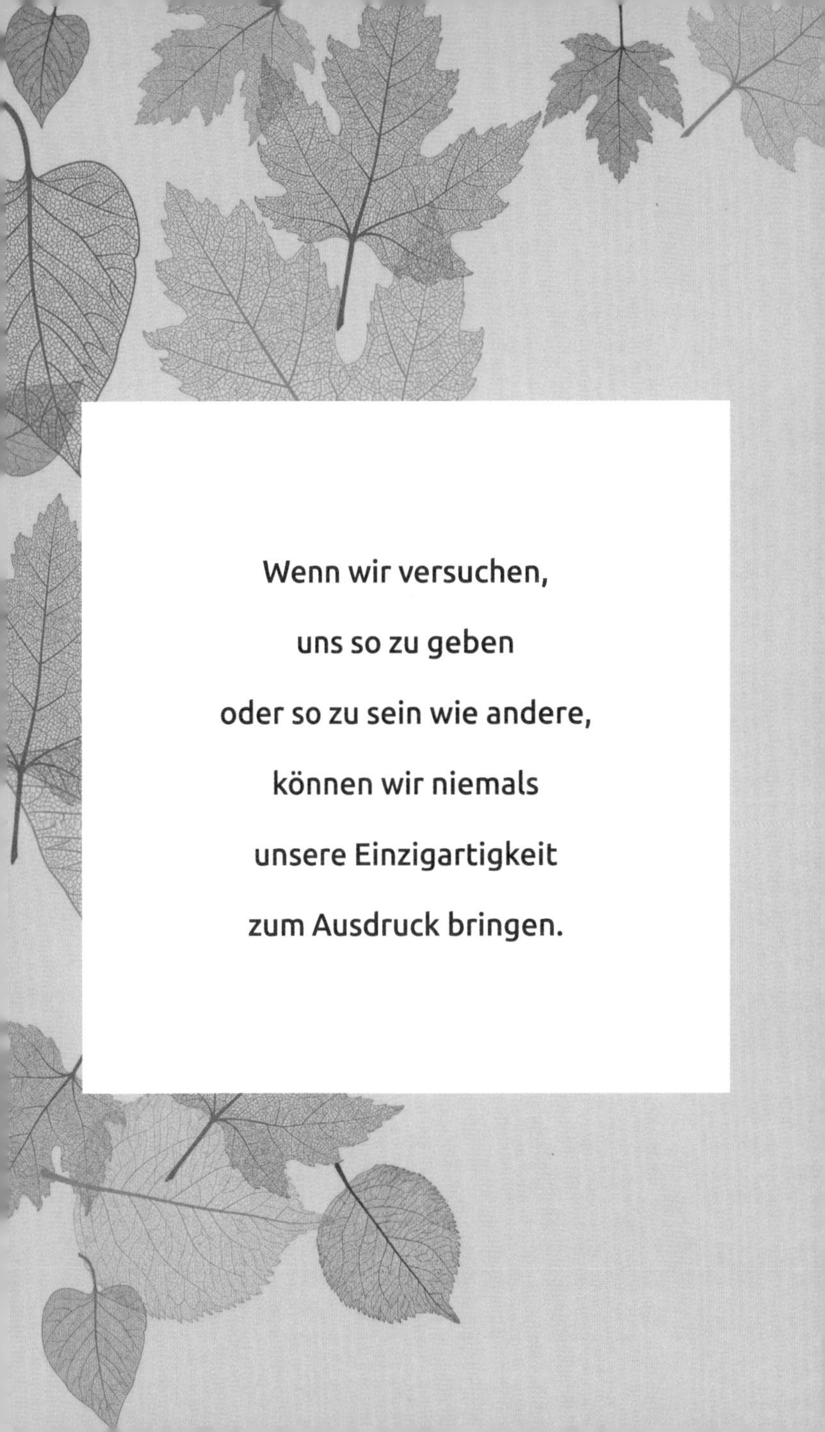

Wenn wir versuchen,

uns so zu geben

oder so zu sein wie andere,

können wir niemals

unsere Einzigartigkeit

zum Ausdruck bringen.

Wahre Größe

Du bist von dir überzeugt und hast es nicht nötig, andere zu beeindrucken.

Du kennst deine Stärken und weißt, was du kannst!

Du lässt dich nicht aus der Bahn werfen, wenn du auf Ablehnung stößt oder Anerkennung ausbleibt.

Du kennst deinen Wert und bist nicht auf Bestätigung von außen angewiesen.

Du zweifelst nicht an dir und versinkst bei Niederlagen nicht in Angst oder Depression.

Du lässt dich nicht „kleinmachen", da du deine innere Größe kennst.

Du kennst deine Stärken, Begabungen und positiven Eigenschaften!

Wenn du dich
nach einem Menschen sehnst,

der dich glücklich machen kann,
der immer für dich da ist,
der dir deinen Tag erhellt,
der dir Kraft geben kann,
der dir Mut macht,
der dein Leben verändern kann …

dann wirf einen Blick in den Spiegel!

Die schlaue Henne

Es waren einmal alte Bauersleute, die einen kleinen Hof bewirtschafteten. Doch von Jahr zu Jahr wurde es mühsamer, sich das Nötigste zum Leben zu verdienen. Als der Bauer eines Tages schwer krank wurde und noch dazu die Ernte in dem Jahr schlecht ausfiel, war die Not sehr groß. Nachdem auch der Weizen für die Hühner weniger wurde, scharrte das Federvieh immer eifriger in der Erde, um etwas Essbares zu finden.

Eines Tages fand der stolze Hahn einen goldenen Ring. Verärgert schleuderte er ihn zur Seite und rief: „Was nützt mir ein kostbarer Ring, von dem ich nicht satt werden kann – ach, was gäbe ich nur für ein paar Weizenkörner!"

Eine schlaue Henne hatte das Geschehen beobachtet und dachte bei sich: „Auch wenn wir mit einem wertvollen Ring nichts anfangen können, kann dieser wohl für andere von Nutzen sein." Die Henne schnappte sich den Ring und legte diesen der Bäuerin vor die Füße.

Als die alten Bauersleute den Schmuckhändler in der nächsten Stadt aufsuchten, konnten sie ihr Glück kaum fassen: Der Ring hatte einen unfassbaren Wert und das Ehepaar war bis zu seinem Lebensende gut versorgt. Die Hühnerschar bekam von da an nur das allerfeinste Korn und durfte ein fürstliches Leben führen.

Nur der stolze Hahn ärgerte sich, dass er, der doch auf den Ring gestoßen war, diesen achtlos weggeworfen hatte. So hätte ihm der Dank gebührt, stattdessen lachten ihn die schlauen Hennen aus und erklärten, dass in einer Gemeinschaft das Allgemeinwohl immer über dem Eigennutz stehen sollte.

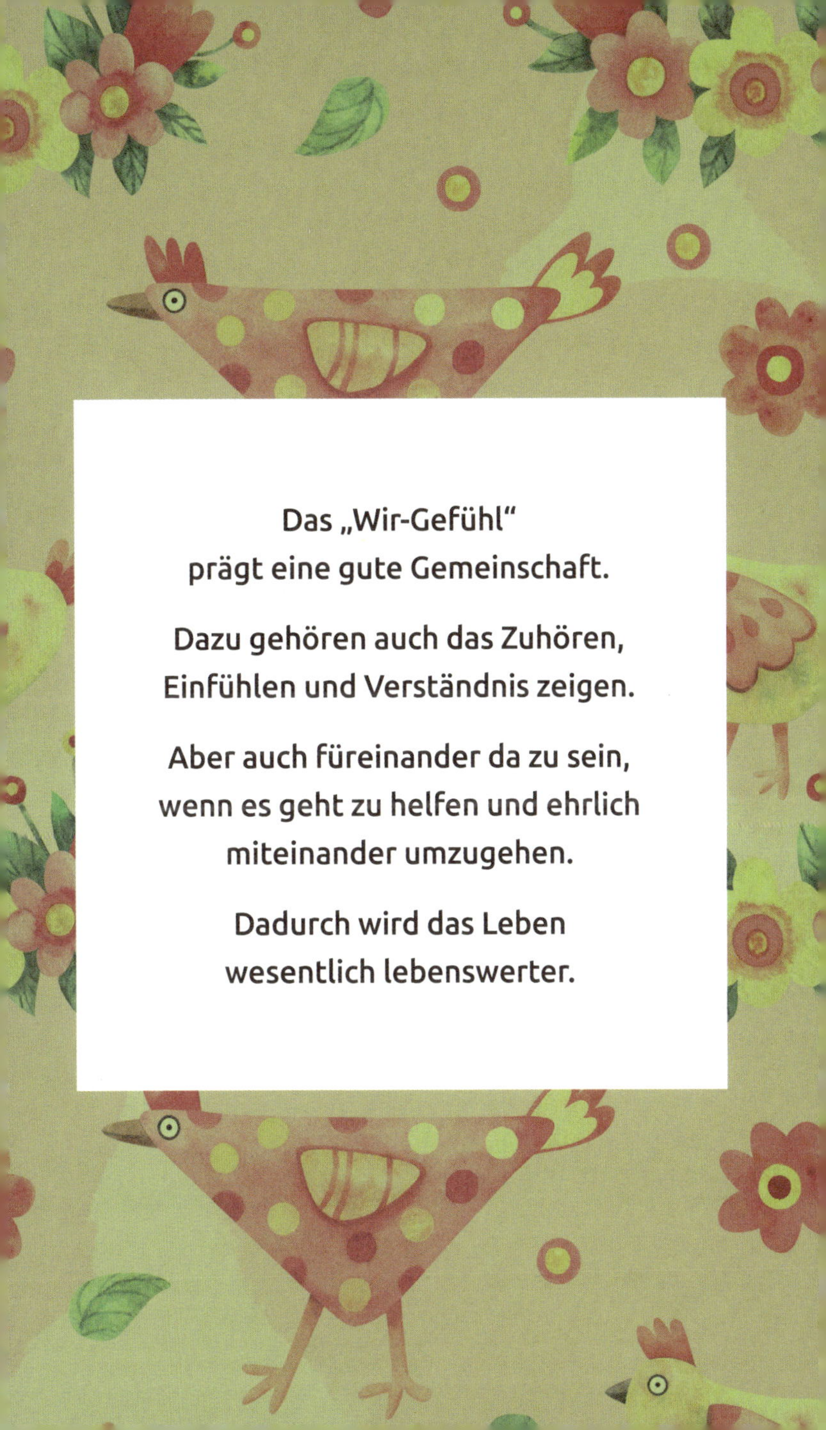

Das „Wir-Gefühl“
prägt eine gute Gemeinschaft.

Dazu gehören auch das Zuhören,
Einfühlen und Verständnis zeigen.

Aber auch füreinander da zu sein,
wenn es geht zu helfen und ehrlich
miteinander umzugehen.

Dadurch wird das Leben
wesentlich lebenswerter.

Die Silbermöwe

Ein Mann saß auf seiner Lieblingsbank am Hafen und grübelte über seine vielen Probleme in der Firma, für die er seit über einem Jahrzehnt tätig war. All die Jahre leistete er sein Bestes, war immer zuverlässig, kaum krank und machte viele unbezahlte Überstunden, um endlich in die Führungsetage zu gelangen. Aber stets wurde er mit der Begründung übergangen, dass er in seiner Abteilung einfach unabkömmlich sei.

Er war in seine trübsinnigen Gedanken versunken, als vor ihm eine Silbermöwe blitzschnell ins Meer tauchte und sich einen großen Fisch ergatterte. Doch kaum, dass sie mit ihrer Beute weitergeflogen war, kamen immer mehr Möwen, um ihr den redlich erbeuteten Fisch wegzuschnappen. Als der Vogel jedoch nicht loslassen wollte, hackten die anderen mit ihren spitzen Schnäbeln auf ihn ein. Die Silbermöwe erkannte wohl, dass ihre Widersacher nicht von ihr ablassen würden, so öffnete sie ihren Schnabel und ließ den Fisch fallen.

Umgehend stürzte sich die mittlerweile immer größer werdende Möwenschar auf die fallengelassene Beute und bekämpfte sich weiter.

„Nun hat sie aufgegeben", dachte der Mann, als der Vogel sich in seiner Nähe ein wenig ausruhte. Doch nur kurze Zeit später stürzte die Silbermöwe erneut ins Meer, tauchte halb unter und erwischte einen prächtigen Fisch, den sie nun genüsslich, ganz in Ruhe verspeiste.

Da erkannte der Mann, dass der Vogel nicht aufgegeben – sondern nur losgelassen hatte.

Er unterbrach seine Mittagspause, ging umgehend in die Firma zurück – um loszulassen. Er reichte seine Kündigung ein.

Wenige Monate später bezog er ein Büro in der Führungsetage einer sehr großen und angesehenen Firma. Über seinen Schreibtisch hängte er ein Bild von Silbermöwen.

Loslassen erfordert

weniger Kraftaufwand

als Festhalten.

Dennoch wird es oft als

schwerer empfunden.

Die Kunst

des LASSENS …

EINLASSEN auf das Leben
ZULASSEN, was der Tag bringt
UNTERLASSEN, was krank macht
NACHLASSEN, was zu anstrengend ist
WEGLASSEN, was unnötig ist
FREILASSEN, was eingesperrt ist
VERLASSEN, was behindert
ERLASSEN von Schuld
ENTLASSEN von falschen Freunden
BELASSEN, was glücklich macht

LOSLASSEN,
um frei zu sein
für ein glückliches, erfülltes … Leben

Stein der Zuversicht

Annette stand mit geschlossenen Augen an den großen Stein angelehnt und dachte zurück. Wie oft war sie bereits hier gewesen?

Als kleines Kind war sie oft mit ihren Eltern in den Bergen unterwegs gewesen. Seit sie sich erinnern konnte, hatte sie der riesige Steinbrocken, den sie gerade im Rücken spürte und der inmitten einer Almwiese stand, in ihren Bann gezogen. Knapp 30 Schritte brauchte sie als Kind, um dieses Gestein zu umrunden. Aber auch die Krokusse schienen diesen Stein zu lieben, denn jedes Frühjahr wurde er von einem unbeschreiblich schönen weiß-blauen Blütenmeer umgeben. „Stein der Zuversicht" wurde er damals schon genannt. Immer, wenn sie eine schlechte Note hatte oder sich über eine Freundin ärgerte, erzählte sie ihren Kummer dem Stein und umgehend ging es ihr wieder besser.

Im Laufe der Jahre wurde der Stein immer bekannter, und so wurde folgender Spruch in den Stein gemeißelt:

„Übergib all deinen Kummer und deine Sorgen diesem Stein, dann wird die Zuversicht dein treuer Begleiter sein."

Daraufhin pilgerten immer mehr Menschen an diesen kraftvollen Ort, der mittlerweile auch weit über die Landkreisgrenzen hinaus bekannt war. Daher hatte man nur noch an Schlechtwettertagen oder vor Tagesanbruch die Chance, den Stein einmal ganz für sich alleine zu haben.

Genau aus diesem Grund war Annette mitten in der Nacht aufgestanden und hatte sich mit ihrem Rucksack, heißem Tee und einer Stirnlampe bewaffnet auf den Weg gemacht. Am Wanderparkplatz angekommen, lächelte sie zufrieden, da, wie sie es erwartet hatte, kein weiteres Auto parkte. Es war eine sternenklare Vollmondnacht, sodass Annette ihre Stirnlampe gar nicht brauchte. Den Weg zu ihrem „magischen Ort" kannte sie ohnehin wie ihre Westentasche.

Wie sie nun am Felsen lehnte und die unglaubliche Stärke des Steins in ihrem Rücken spürte, öffnete sie langsam ihre Augen. Ein wunderbarer rötlicher Lichtschein erfüllte den Horizont vor ihr, ein neuer Tag bahnte sich den Weg durch die Dunkelheit. Um ihr Alleinsein am Stein der Zuversicht zu nutzen, sprach sie nun all das laut aus, was sie bedrückte. Sie war immer der Meinung gewesen und hatte auch die Erfahrung gemacht, dass laut ausgesprochene Worte eine wesentlich größere Wirkung erzielten, als nur gedachte Worte.

So sprach sie sich alles von der Seele, was sie bedrückte. Den Anfang machte sie mit ihrer Arbeit: Vom Chef und den Kollegen fühlte sich Annette, die stets zu gutmütig war und sehr zuverlässig arbeitete, voll ausgenutzt. Nun kamen die Belastungen hinzu, die eine enorme Umstellung in ihrer Abteilung mit sich brachte. Annette war jetzt dazu angehalten, im Homeoffice viel von zu Hause aus zu arbeiten. Einerseits musste sie so zwar den Kollegen nicht begegnen, andererseits aber war sie unendlich erschöpft – denn richtig zum Arbeiten kam sie oft erst nachts. Die Tage waren gefüllt mit der Betreuung ihrer pubertierenden Kinder, die gerade überhaupt keine Lust auf die Schule hatten und von Annette immer wieder motiviert werden wollten – mit Worten genauso wie mit leckerem Essen. Wirkliche Auszeiten, wie gerade eben der Besuch am Stein, waren sehr, sehr selten geworden. Schließlich war sie alleinerziehend und nur selten nahm sich der Vater der Kinder Zeit, um sich um seine Sprösslinge zu kümmern.

Ihr Zeitmangel war, wie bereits in den letzten Partnerschaften auch, ausschlaggebend für die Trennung von ihrem Freund. Erst letzte Woche wurde sie wieder verlassen, da dieser Mann der Meinung war, stets nur an allerletzter Stelle zu kommen. Mit Männern hatte sie noch nie wirkliches Glück gehabt, denn Annette war einfach zu gut für die Welt, und sie hatte sich mit ihrem unermüdlichen Optimismus bisher immer täuschen lassen.

Als sie alles ausgesprochen hatte, was sie bedrückte, wurde es bereits hell und sie sah, dass sich die ersten Wanderer näherten. So sprach sie noch schnell ihre Wünsche aus: Sie wollte eine neue Arbeitsstelle finden und endlich auch ihren Herzensmann, der sie einfach genau so liebt, wie sie ist, mitsamt ihren zwei pubertierenden Kindern.

Dann machte sich Annette auf den Rückweg. Die ganze Zeit über, die sie mit dem Stein gesprochen hatte, konnte sie nicht ahnen, dass sie nicht allein an diesem Kraftort war. Auf der gegenüberliegenden Seite des großen Steines stand ebenfalls mit dem Rücken am Stein lehnend ein Mann, der all ihre Worte mit angehört hatte. Auch er war aus ähnlichen Gründen sehr früh aufgestanden, um am Stein der Zuversicht seine Sorgen, die ihn plagten, abzuladen. Seine Firma litt stark unter der momentanen wirtschaftlichen Lage und der teilweise mangelnden Motivation sowie dem fehlenden Zusammenhalt der Mitarbeiter. Zum anderen hatte er kein Glück mit den Frauen. All seine Beziehungen wurden rasch sehr oberflächlich, sodass er sich meist schnell wieder trennte. Dabei wünschte er sich nichts sehnsüchtiger als eine Frau mit Herz für sein Herz.

Genaugenommen wollte er sich Annette gleich zu erkennen geben, aber als er der traurigen, sanften Stimme von Annette lauschte, war es um ihn geschehen. Ein inneres Gefühl sagte ihm, dass genau zu diesem Zeitpunkt seine Herzensfrau nur wenige Meter von ihm entfernt war. Nun war es jedoch zu spät, sich noch zu erkennen zu geben. Seine Gedanken überschlugen sich, wie er es nur anstellen könnte, diese besondere Frau ganz unverfänglich kennenzulernen.

Als Annette bereits aus seinem Sichtbereich verschwunden war, schickte er ein Stoßgebet zum Himmel und sprach zu dem Stein: „Bitte zeige mir meinen Weg – meinen Herzensweg!"

So fing er an zu laufen und machte einen Umweg, und tatsächlich: Punktgenau traf er wie zufällig mit Annette an einer Weggabelung zusammen. Den Weg zum Parkplatz gingen sie dann zusammen und die Zeit verging wie im Flug. Die beiden verabredeten sich zu einer gemeinsamen Bergtour, bei der es natürlich nicht blieb.

Annettes Wünsche erfüllten sich schneller, als sie zu hoffen gewagt hatte! Sie hatte ihren Herzensmann gefunden, der nicht nur sie über alles liebte, sondern auch ihre Kinder. Beruflich hatte sie sich in eine ganz andere Richtung verändert – zur glücklichsten Hausfrau und Mutter.

Der Herzensmann hatte es erst zum dritten Hochzeitstag übers Herz gebracht, ihr alles zu „beichten" – so drückte er es aus, als er seiner geliebten Frau erzählte, dass er an ihrem Kennenlerntag am Stein der Zuversicht schon ganz nahe bei ihr gestanden war.

Als Hochzeitsgeschenk bekam sie ihre Lieblingsblumen: purpurne Anemonen, die in der Blumensprache Zuversicht bedeuten. Zudem wurde für ihren Garten ein mächtiger Stein geliefert – eine kleine Ausgabe von ihrem Stein der Zuversicht.

Die Natur

Die Natur ist ein wunderbarer
Lehrmeister und Heiler.

Wenn dich Sorgen und Probleme belasten –
du dich gestresst, unausgeglichen und
überfordert fühlst, gehe doch in den Garten,
einen Park oder Wald.

Fahre an einen See, in die Berge oder schau
einfach nur in den Sternenhimmel.
Begib dich an einen Ort,
an dem du dich richtig wohlfühlst.

Ganz egal,
welche Sorgen und Probleme dich bedrücken,
sie werden in ein anderes Licht gerückt.

Zeit

Im Leben gibt es für alles seine Zeit.

Eine Zeit des Zusammenfindens.
Eine Zeit des Zusammenbleibens.
Eine Zeit der Vertrautheit.
Eine Zeit des Füreinanderdaseins.
Eine Zeit des Abschieds.
Eine Zeit der Trauer.
Eine Zeit der Zuversicht.
Eine Zeit für den Neubeginn.
Eine Zeit der Freude.

Nur die Liebe ist an keine Zeit gebunden.

Nur eine Kleinigkeit

Ein alter Straßenfeger tauschte zum Wintereinbruch seinen Besen gegen eine Schneeschaufel. Er arbeitete stets sehr gewissenhaft und bereits am frühen Morgen, als die Bewohner der Siedlung ihre Häuser verließen, waren alle Bürgersteige vom Schnee befreit. An manchen Wintertagen, an denen es gar nicht mehr aufhörte zu schneien, kam der alte Mann, der schon sehr gebeugt ging, sogar mehrmals vorbei.

Eine ältere Frau, die den Fleiß des Mannes bewunderte, brachte ihm jedes Mal am Morgen, wenn sie ihn sah, eine Tasse heißen Tee an die Straße und wenn er seine nächtlichen Runden drehte, auch mal ein Glas Tee mit einem guten Schuss Rum.

Als das Frühjahr wieder ins Land zog, klingelte der Mann bei der Frau und überreichte ihr einen wunderschönen Blumenstrauß, als Dank für ihre Freundlichkeit.

Verlegen nahm die Frau die Blumen entgegen und meinte, dass dies doch nicht nötig gewesen sei. Die paar Tassen Tee waren doch nur eine Kleinigkeit, die sie ihm für seine Mühen gerne gegeben habe.

Daraufhin sagte der Mann: „Eben, genau mit Ihren ‚Kleinigkeiten' haben Sie mir mehr gegeben, als ein anderer dies jemals getan hat!" Mit diesen Worten verbeugte sich der Mann zum Abschied und ging.

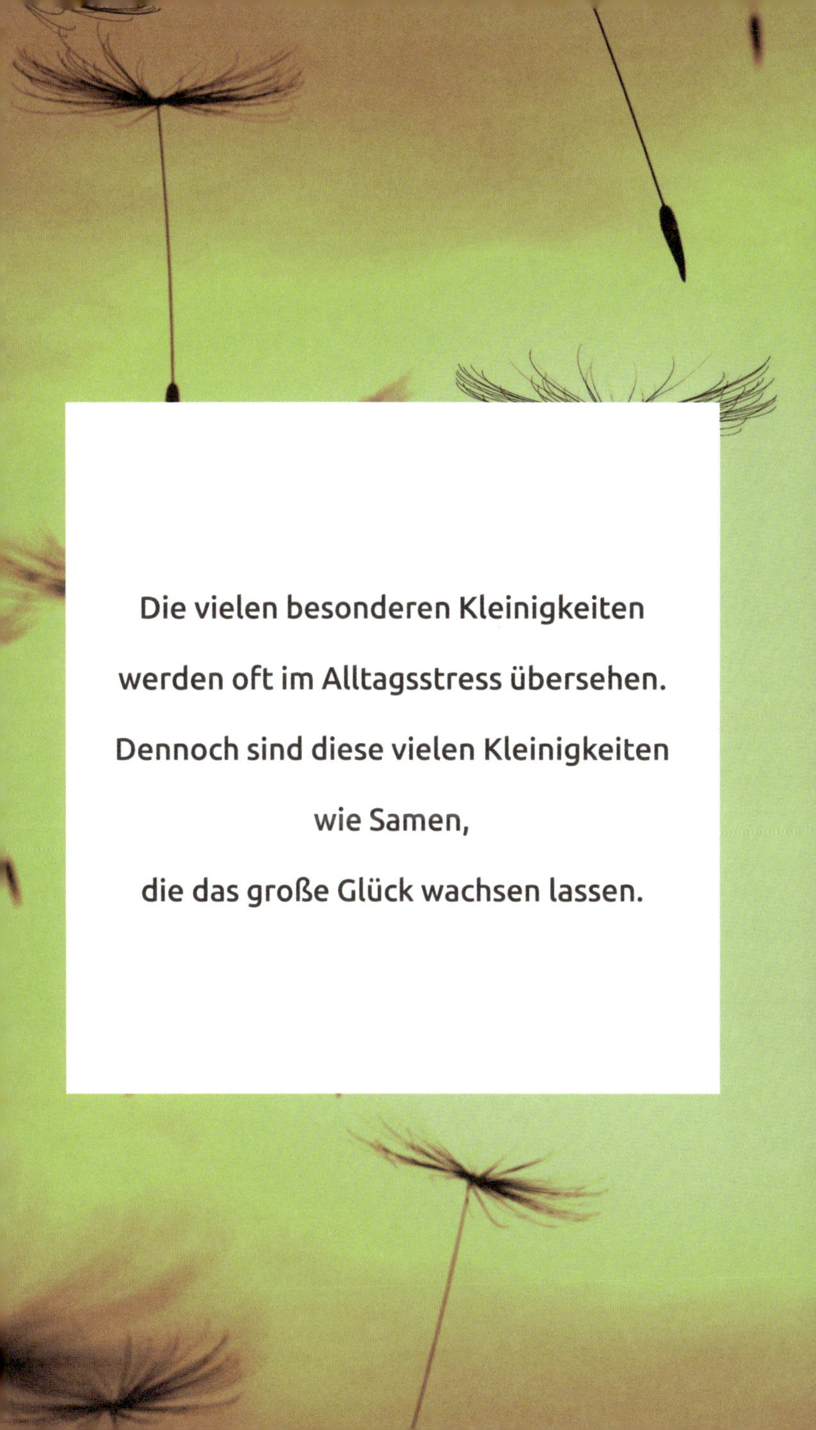

Die vielen besonderen Kleinigkeiten

werden oft im Alltagsstress übersehen.

Dennoch sind diese vielen Kleinigkeiten

wie Samen,

die das große Glück wachsen lassen.

Glücklichsein

Die sieben Schlüssel zum Glücklichsein:

Die Fähigkeit loszulassen

Die Bereitschaft zu verzeihen

Die Weisheit zu verstehen

Die Kraft eigene Wege zu gehen

Die Heiterkeit um zu lachen und sich zu freuen

Die Fantasie um zu träumen

Die Gabe um zu lieben

Glücksmomente

Das Leben ist voll von vielen
kleinen Glücksmomenten,

doch diese zu erkennen,
liegt immer im Auge des Betrachters.

Menschen, die ständig auf das große Glück
im Leben warten,
übersehen oft die vielen lebenswerten
Kleinigkeiten, die das Leben bereichern.

Oftmals sind diejenige Menschen
die glücklichsten,
die all das Gute in ihrem Leben erkennen
und dafür dankbar sind,
die sich über Kleinigkeiten freuen können und
anderen immer ein freundliches Lächeln oder
ein herzliches Wort schenken.

Großmutter erzählt...

Franziska war in den 50er-Jahren auf einem großen Bauernhof mit mehreren Geschwistern aufgewachsen. Das Kind war von klein auf sehr wissbegierig und die allerbeste Lehrerin war seine Großmutter. Bei ihr lernte es das Kochen und durfte in deren „heiligem Kräutergarten" mitarbeiten. Sie sagte immer: „Weißt du mein Kind – gegen alles ist ein Kraut gewachsen!"

Seit es denken konnte, kam niemals ein Arzt auf den Hof, denn die Großmutter fand für jede Krankheit ein Kraut, einen Tee, eine Salbe oder eine Tinktur. Fast alle hatte sie selbst hergestellt. So kamen auch oft Menschen aus dem Dorf oder sogar von der Nachbargemeinde, wenn sie ein gesundheitliches Problem hatten – aber auch, wenn der Arzt nicht mehr weiterhelfen konnte.

Franzi – so wurde sie gerufen – entwickelte sich zum Stolz ihres Vaters zu einer feschen, gescheiten und fleißigen jungen Frau.

Jede freie Minute aber verbrachte Franzi bei ihrer geliebten Großmutter, deren Hände im Laufe der Jahre immer zittriger wurden. Sie beschäftigte sich eifrig mit der Kräuterkunde und half der Älteren, wo sie nur konnte. Im Laufe der Jahre gab die Großmutter ihrer Enkelin all ihr Wissen weiter und zusammen forschen beide und stellten so manch neue, erfolgreiche Rezeptur zusammen.

Eines Tages bekam der Vater Besuch von einem unbekannten Mann. Als Franzi merkte, dass über sie gesprochen wurde, belauschte sie heimlich das Gespräch. Die junge Frau sollte mit dessen Ältestem und somit Hoferben verheiratet werden! Die Männer wurden sich lachend über ihre erfolgreiche Verhandlung einig und prosteten sich mit einem guten Tropfen zu.

Die junge Frau hatte das Gefühl, als würde ihr der Boden unter den Füßen weggezogen! So schnell sie konnte, eilte sie zur Kräuterstube ihrer Großmutter und in Tränen aufgelöst erzählte sie von dem eben Gehörten.

Da war selbst die Großmutter sprachlos, dass ihr eigener Sohn seine Lieblingstochter ungefragt verheiraten wollte. Das konnte sie kaum glauben.

Die alte Frau drückte ihrer Enkelin einen Korb in die Hand und schickte sie hinaus in den Wald, um Kräuter zu sammeln. „Du weißt ja, mein Kind – die Natur ist unser bester Lehrmeister und Heiler. Wenn du Sorgen hast, geh in den Wald und gib alles, was dich belastet, mit Zuversicht ab. So wird sich alles zum Guten wenden." Aber Franzi konnte selbst in ihrem geliebten Wald keinen klaren Gedanken mehr fassen. Beinahe blind vor Tränen stolperte sie über eine Wurzel und verletzte sich den Knöchel, der auch umgehend stark anzuschwellen begann.

Wie aus dem Nichts heraus hörte sie eine besorgte Männerstimme fragen, ob sie verletzt sei. Franziska schaute in zwei warme braune Augen, die von vielen kleinen Lachfältchen umgeben waren. Ihr kam es vor, als wäre die Zeit stehen geblieben, denn die beiden Augenpaare wollten den Blickkontakt nicht mehr aufheben.

Beide befanden sich in einer anderen Welt. Irgendwann brach der Mann das Schweigen: „Ich sollte dich heimtragen, bevor die Nacht anbricht." „Ach Thomas", seufzte die junge Frau, „wie soll ich meinem Vater nur erklären, dass ich, getragen vom Sohn seines Erzfeindes, auf den Hof zurückkehre?"

Thomas runzelte die Stirn und dachte nach: „Genaugenommen weiß ich bis heute nicht, wie die Feindschaft unserer benachbarten Höfe entstanden ist." Auf dem Heimweg wurde noch so manche Pause eingelegt, denn beider Lippen konnten sich kaum voneinander lösen.

Als Franzi am Arm der Großmutter in die Stube humpelte, milderte dies den Wutausbruch des Vaters über das Verschwinden seiner Tochter ein wenig.

Stolz begann er zu erzählen, welch besondere Vereinbarung er heute abgeschlossen hatte – sie mit dem reichsten, angesehensten und noch dazu gutaussehenden Junggesellen zu verheiraten … Aber anstatt Lob für diese „Kuppelei" zu ernten, wagte es Franzi, dem Vater Paroli zu bieten: „Wenn ich jemals heiraten sollte, dann ist Thomas mein zukünftiger Bräutigam, der Sohn deines Erzfeindes!"

Ein ähnliches Gespräch führte Thomas mit seinem Vater.

Daraufhin trafen sich die Erzfeinde, um die Kontakte ihrer Kinder zu verhindern. Aber schon nach kurzer Zeit gingen ihnen die Argumente aus, weshalb sie eigentlich über die vielen Generationen hinweg verfeindet waren. Mit einem guten Tropfen lösten sie die uralte Feindschaft auf … und planten die Hochzeit ihrer Kinder.

Nur dieses Mal hatte Franziska keinerlei Einwände.

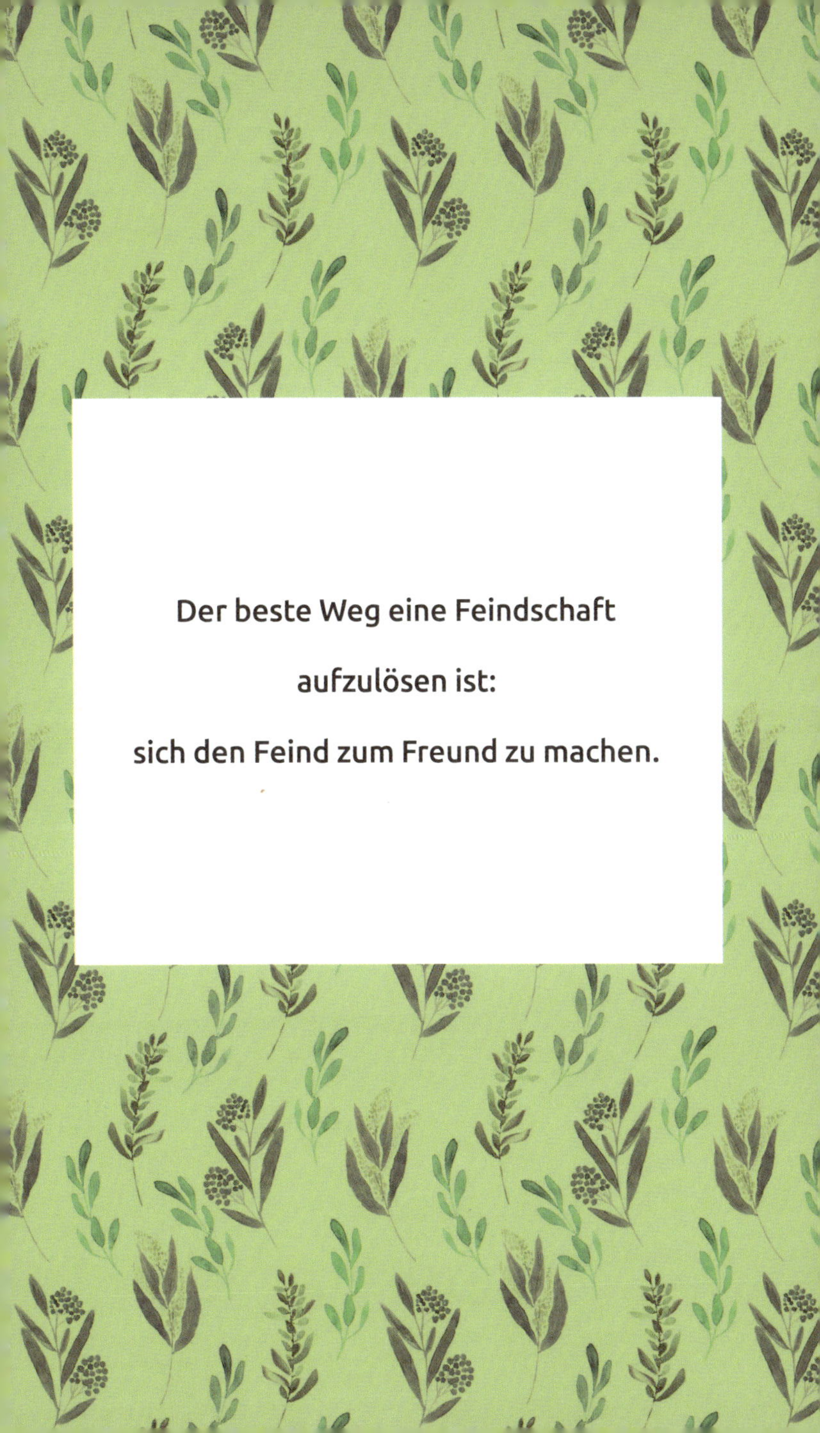

Der beste Weg eine Feindschaft

aufzulösen ist:

sich den Feind zum Freund zu machen.

Danke ...

Du verstehst mich,
auch wenn ich nicht immer die richtigen
Worte finde.

Du siehst mich,
auch wenn ich mich anders zeige,
als ich mich wirklich fühle.

Du hörst mich an,
selbst wenn du anderer Ansicht bist.

Du nimmst dir Zeit für mich,
selbst wenn du sehr beschäftigt bist.

Dass du mich verstehst,
siehst, hörst und bei mir bist –
hilft mir, immer mehr mich selbst
zu erkennen und an mich zu glauben!

Danke, dass es dich gibt.

Liebe

Wenn wir lieben können

und glücklich sind,

befinden wir uns

auf der Sonnenseite des Lebens.

Der Engel aus Ton

Es war einmal ein Familienvater, der nach einer wirtschaftlichen Krise nicht mehr wusste, wie er seine Familie ernähren sollte. Daher musste er schweren Herzens das kleine Haus, das seine Vorfahren errichtet hatten und in dem er mit seiner Familie wohnte, verkaufen.

Es fanden sich allerdings kaum Kaufinteressenten. Nur ein einziger Mann bot eine gerade noch akzeptable Summe, bestand aber darauf, dass der im Garten stehende „kitschige" Engel aus Ton umgehend entsorgt würde. Denn Engeln, so meinte der künftige Besitzer, wolle er frühestens zum Ende seiner zweiten Lebenshälfte begegnen.

Dem Eigentümer wurde schwer ums Herz, denn gerade dieser einfache Engel aus Ton hatte ihn sein ganzes Leben lang begleitet. Immer, wenn er glücklich war oder auch Sorgen und Probleme gehabt hatte, setzte er sich auf die alte Bank unter den Engel.

Da ihm augenscheinlich nichts anderes übrig blieb und der Engel zu schwer wog, um ihn mit umzuziehen, nahm der Mann einen Hammer, um den Engel zu zertrümmern.

Nach dem ersten Hammerschlag meinte er, einen goldenen Schein zu entdecken und wurde stutzig.

Innerhalb weniger Minuten löste der Mann die alte Tonschicht vorsichtig ab, und übrig blieb ein Engel aus purem Gold.

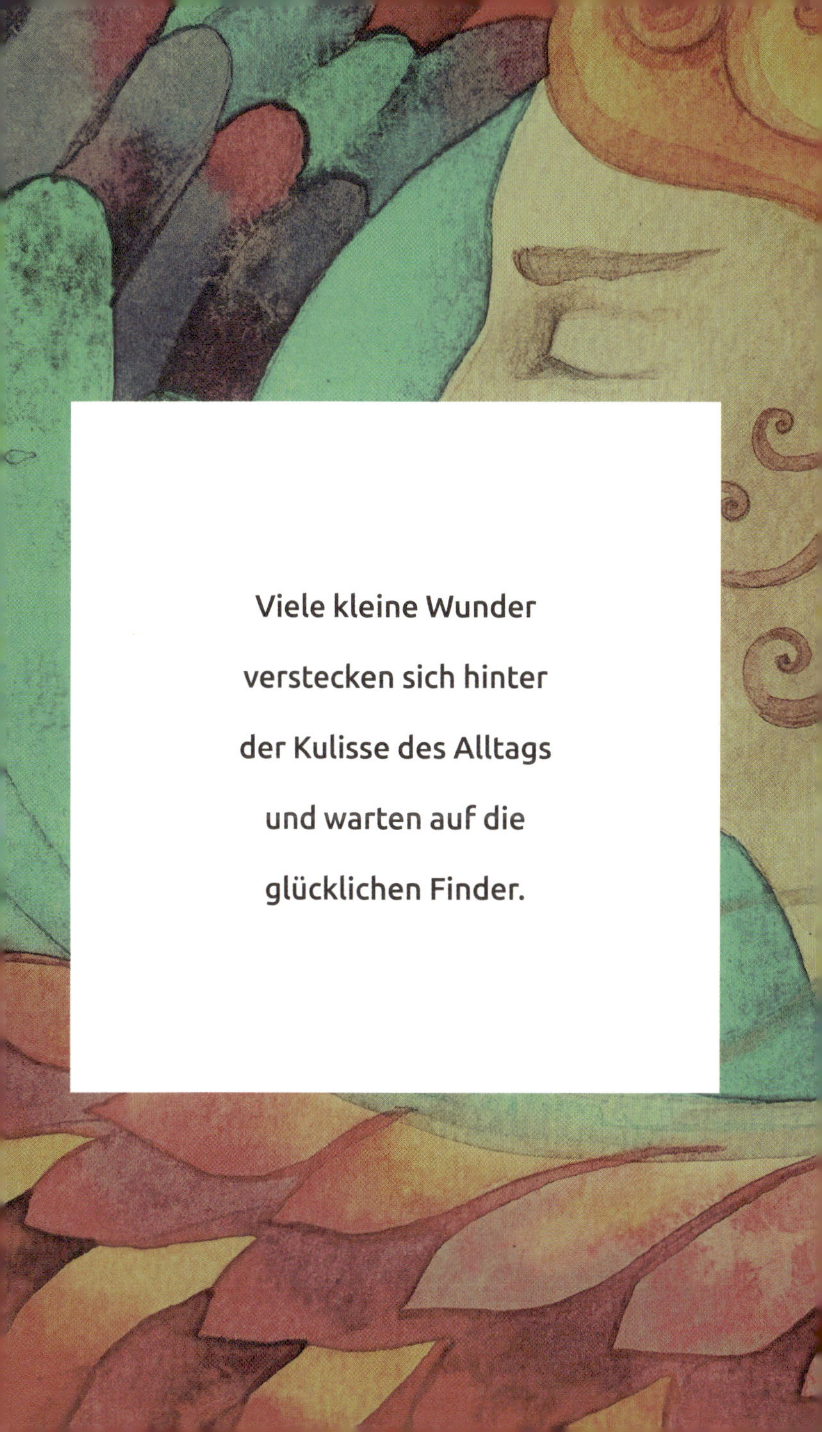

Viele kleine Wunder

verstecken sich hinter

der Kulisse des Alltags

und warten auf die

glücklichen Finder.

Lebensinhalte

Respekt, Höflichkeit und Wertschätzung

gehören zu den Anlageformen

mit erstaunlich hoher Rendite.

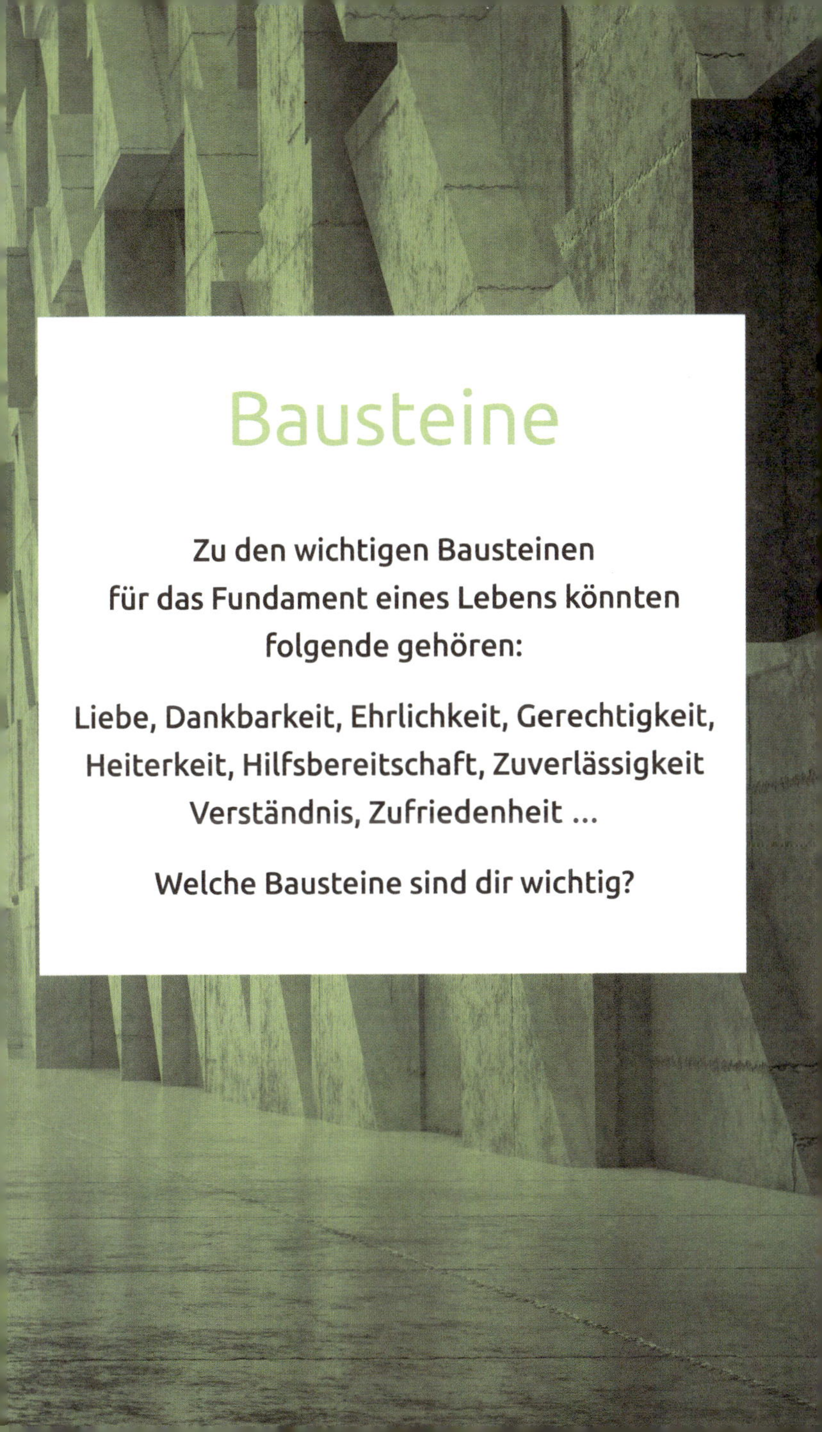

Bausteine

Zu den wichtigen Bausteinen
für das Fundament eines Lebens könnten
folgende gehören:

Liebe, Dankbarkeit, Ehrlichkeit, Gerechtigkeit,
Heiterkeit, Hilfsbereitschaft, Zuverlässigkeit
Verständnis, Zufriedenheit ...

Welche Bausteine sind dir wichtig?

Der Ring der Ehrlichkeit

Es war einmal eine Witwe, die hatte zwei Töchter, welche in ihrem Wesen nicht unterschiedlicher hätten sein können. Die eine besaß ein Herz voller Liebe und Güte, während die andere nur Kälte und Härte ausstrahlte.

Als die Mutter im Sterbebett lag, vermachte sie jeder Tochter einen unscheinbaren Ring. Sie betonte jedoch ausdrücklich, dass diese Ringe „Ringe der Ehrlichkeit" seien. Jeder Ring hätte die Macht, Fluch oder auch Segen zu bringen. Sie sollten daher sehr achtsam mit dem Erbstück umgehen.

Die Tochter mit dem großen Herzen saß betrübt über den Verlust der Mutter am Fluss und spielte gedankenverloren mit ihrem Ring. Plötzlich entglitt er ihr und fiel ins Wasser. Gerade als sie in den Fluss springen wollte, um danach zu suchen, tauchte ein Fisch mit einem wertvollen, diamantenbesetzten Ring auf und fragte, ob dies ihrer sei.

Betrübt antwortete die junge Frau, dass sie zwar einen Ring verloren habe, aber nur einen ganz gewöhnlichen. Für sie sei er dennoch sehr wertvoll, wegen der Erinnerungen an ihre liebe Mutter.

Da tauchte der Fisch noch einmal unter und brachte den verlorenen Ring zurück. Als er die große Freude der Frau erkannte, reichte er ihr zusätzlich den wertvollen Diamantring als Geschenk des Segens der Ehrlichkeit.

Zuhause angekommen, wollte die hartherzige Schwester wissen, wie sie zu solch einem wertvollen Ring gekommen sei. Und sie erzählte ganz genau, was geschehen war.

Daraufhin spielte die hartherzige Tochter ebenso am Fluss mit dem Ring der Mutter, warf ihn aber absichtlich hinein. Wieder tauchte der sprechende Fisch auf, zeigte den eben ins Wasser geworfenen Ring und fragte, ob sie diesen gerade verloren hätte. „Aber nein", sprach sie, „mein Ring ist ein goldener, mit wertvollen Diamanten besetzter. Der Fisch tauchte kurz unter, um mit einem wertvollen Diamantring wieder aufzutauchen. Die Frau bestätigte sogleich, dass dieser ihr Eigentum sei.

Verärgert zitierte er das Sprichwort: „Ehrlich währt am längsten", bevor er mit beiden Ringen untertauchte und nie wieder gesehen wurde.

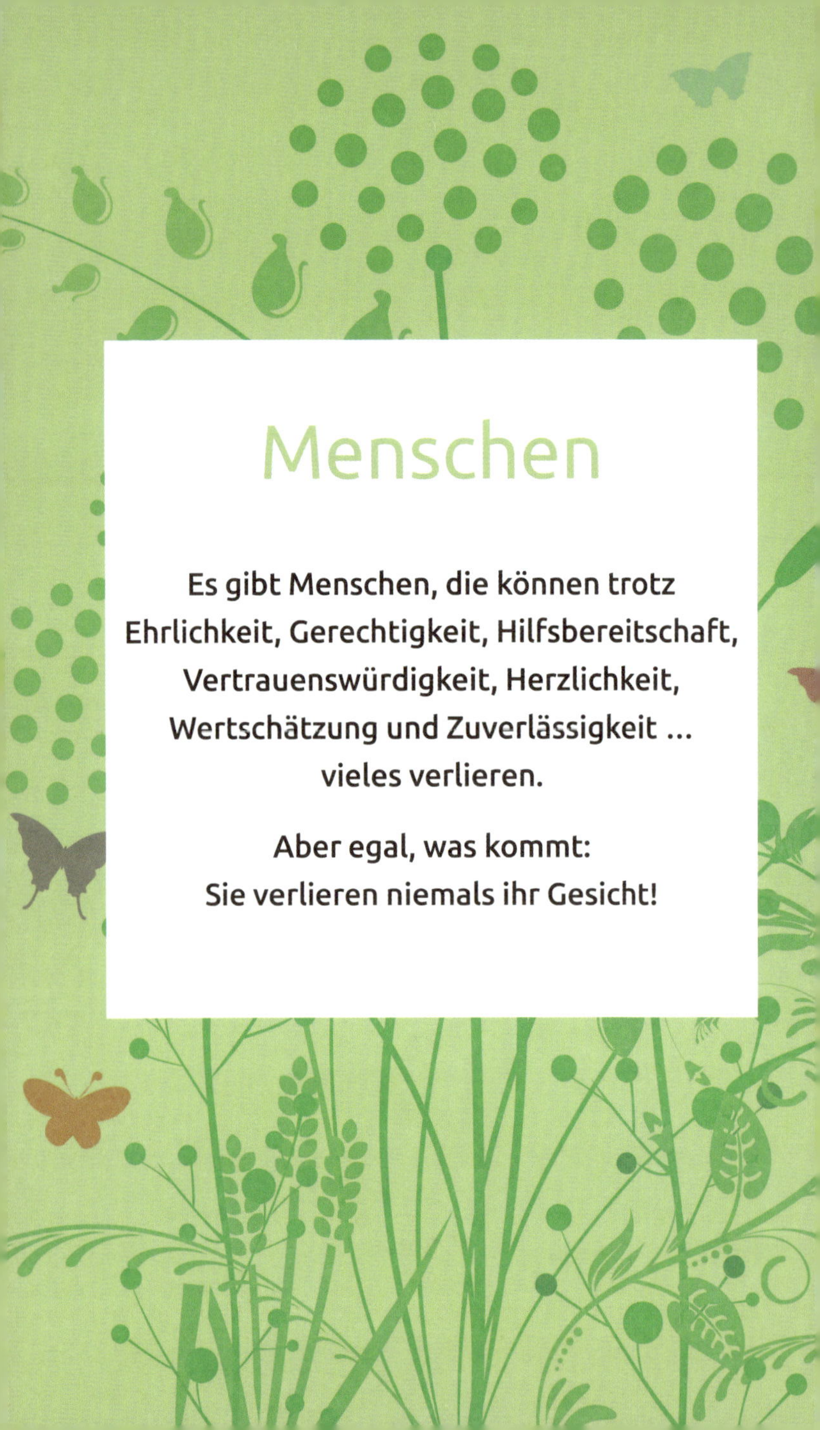

Menschen

Es gibt Menschen, die können trotz
Ehrlichkeit, Gerechtigkeit, Hilfsbereitschaft,
Vertrauenswürdigkeit, Herzlichkeit,
Wertschätzung und Zuverlässigkeit ...
vieles verlieren.

Aber egal, was kommt:
Sie verlieren niemals ihr Gesicht!

Wahrheit

Eine Wahrheit bleibt immer wahr –
selbst wenn sie niemand glaubt.

Eine Lüge bleibt immer verlogen –
selbst wenn sie alle glauben.

Wahrer Reichtum

Vor langer Zeit gab es in einer sehr wohlhabenden Stadt viele geschäftstüchtige, angesehene und vermögende Bürger.

All jene hatten sehr ernste Gesichter, denn sie mussten sich immerzu darauf konzentrieren, ihren Reichtum zu behalten und bestmöglich noch zu vermehren. Zudem lebten sie auch in ständiger Angst, ein anderer könnte ihnen das mühsam Erworbene wieder wegnehmen. Daher hatten sie ihr Lachen verloren – vielleicht lag es auch daran, dass sie keine Zeit mehr für Vergnügungen fanden.

Eines Tages erkannte einer der Männer, dass ihm sein Wohlstand keine Freude mehr bereitete. Er war sehr einsam geworden. Über viele Jahre hinweg hatte er sich ausschließlich auf die Arbeit und den Erfolg konzentriert, woraufhin alle seine ehemaligen Nachbarn und Freunde von ihm ferngeblieben waren.

Nach dieser Erkenntnis schenkte er am nächsten Morgen einem Geschäftspartner, der gerade einen schlimmen finanziellen Verlust erlitten hatte, eine Goldmünze, und fühlte, dass es ihn glücklich machte, einen anderen zu beschenken.

Auf dem Nachhauseweg entdeckte er einen schönen Stein und steckte diesen gedankenverloren ein.

Am nächsten Tag sah er auf dem Weg zur Arbeit ein armes Kind am Straßenrand sitzen, das betteln musste.

Er griff in seine Hosentaschen nach einem Goldstück, fand jedoch keines, sondern hatte, anstelle des Goldes, nur den Stein, den er am Vortag gefunden hatte, in der Hand.

So erfand er für das Kind eine Geschichte und erzählte ihm, dass dieser Stein ein Glücksstein sei und sogar noch viel wertvoller als ein Goldstück! Wenn es den Stein immer bei sich tragen und zudem weitere Steine als Glückssteine sammeln würde, die es mit derselben Botschaft verschenke, dann würden sich alle seine Träume erfüllen – und das Glück würde sich immer weiterverbreiten. Der Mann konnte nicht ahnen, was er mit seiner Botschaft, die er aus seiner Verlegenheit heraus erfunden hatte, ins Rollen brachte.

Das Kind freute sich so sehr über den geschenkten Glücksstein, dass es, der Weisung folgend, etliche weitere besondere Steinchen sammelte. Einen davon schenkte es auf dem Nachhauseweg dem Bäcker, der ihm im Gegenzug ein Brötchen gab. Der Bäcker fand auf dem Heimweg einen Stein, der einem Herzen ähnelte und schenkte diesen als Glücksstein seiner Frau – als ein Zeichen seiner Liebe. Die beschenkte Frau suchte daraufhin einen besonderen Stein für ihre Schwester, die sehr um ihren verstorbenen Mann trauerte. Dieser Glücksstein sollte der Schwester helfen, die schönen Erinnerungen beizubehalten, und ihr die große Trauer nehmen. Die Witwe sammelte wiederum weitere Glückssteine und verschenkte sie an Bedürftige, die ein wenig Glück brauchen konnten.

Seit dieser Zeit brachten die vielen kleinen Glückssteinchen das große Glück weit über die Stadtgrenzen hinaus.

Die Stadt wurde noch wohlhabender, denn die Freude, das Glück und das Lachen kehrten wieder ein.

All die reichen Bürger hatten nunmehr erkannt, dass wahrer Reichtum nicht in Gold zu messen, sondern nur im Inneren zu finden ist.

Dankbarkeit

Je stärker man sich bewusst macht,
wofür man im Leben dankbar sein darf,
desto weniger Gründe finden sich,
unzufrieden im Leben zu sein.
DANKBARKEIT und ZUFRIEDENHEIT sind
eng verbunden mit GLÜCK.

Glücksmomente

Vielleicht sollten wir mehr
dem Leben vertrauen,

dann könnten wir häufiger die kleinen
Glücksmomente wahrnehmen,
die das Leben uns schenkt.

Das große Glück besteht meist
aus vielen kleinen Glücksmomenten.

Loslassen

Es waren einmal zwei Männer, die schwer an ihren Lebenslasten zu tragen hatten. Als sie vom Land der inneren Freiheit und Glückseligkeit hörten, machten sich beide gemeinsam auf den Weg, um dieses Land zu suchen.

Als sie nach einer langen, beschwerlichen Reise das Ziel vor Augen hatten, galt es nur noch, mit der Fähre über den breiten Fluss zu setzen.

Da erklärte ihnen der alte Fährmann, dass sie ihr Gepäck zurücklassen müssten. Er dürfe in das Land der inneren Freiheit und Glückseligkeit nur Menschen bringen, die sich von ihrem alten Ballast lösen könnten.

Der eine Mann brauchte nicht zu überlegen, er warf all seinen Ballast, all seinen Kummer, die Sorgen und Nöte ab und stieg befreit auf die Fähre.

Der andere Mann aber war zutiefst erschrocken. Es schien ihm unmöglich, sich von all dem zu trennen, was er doch über die vielen Jahre gesammelt und auf der ganzen Reise mühsam mitgeschleppt hat.

So ging er wieder zurück.

Auf die Frage, wie es nur sein könne, dass der andere Mann nach der langen, mühsamen Reise so kurz vor dem Ziel umgedreht habe, antwortete der Fährmann: „Manche Menschen brauchen mehrere Anläufe, um ihr Glück zu finden. Die Leiden jenes Mannes waren wohl noch nicht groß genug!"

Loslassen heißt:

Die Vergangenheit ruhen lassen

Die Seele entrümpeln

Ballast abwerfen

Sich neu ausrichten

Alle kommenden Gefühle akzeptieren

Die Gegenwart genießen

Träume verwirklichen

Die Zukunft planen

um ein erfülltes Leben zu leben.

Erinnerungen im Herzen

Nach beinahe vier Jahrzehnten trafen sich zwei Jugendfreunde unverhofft wieder. Die Umstände dazu hätten erfreulicher sein können, denn beide lagen nach Skiunfällen im selben Krankenzimmer.

Als junge Männer hatten sie Journalismus studiert und sich vorgenommen, berühmte Schriftsteller zu werden. Stundenlang unterhielten sich die beiden älteren Herren nun über die alten Zeiten, über ihre Wünsche, Träume und auch darüber, wie es ihnen im Leben tatsächlich ergangen war.

Einer der beiden war, wie einst von beiden erträumt, ein berühmter Schriftsteller geworden und hatte die ganze Welt bereist. Der andere hingegen war Chefredakteur der örtlichen Zeitung geworden, hatte geheiratet und war inzwischen mehrfacher Familien- und Großvater. „Ach, ich beneide dich", sagte dieser nach einigen Tagen. „Mein ganzes Leben träumte ich davon, ein berühmter Schriftsteller zu werden. Doch in all den Jahren habe ich es nicht einmal geschafft, auch nur ein einziges Buch zu schreiben!" „Und ich beneide dich", entgegnete der berühmte Schriftsteller. „Du bekommst jeden Tag Besuch von deiner Familie und deinen Freuden. Meine Bücher können mich nicht besuchen kommen. Auf deinem Tisch ist eine Fülle von Geschenken, Familienbildern und Genesungskarten. Auf meinem Tisch liegen lediglich geschäftliche Briefe." Er schluckte, bevor er weitersprach. „Die letzten Wochen habe ich von dir gelernt, dass allein das Leben die besten Geschichten schreibt. Diese Geschichten bleiben lebendig in den Herzen und in den Erinnerungen, während meine Geschichten in den Bücherregalen verstauben."

Alle schönen Erinnerungen,
die wir im Herzen tragen,
kann uns niemand mehr wegnehmen.

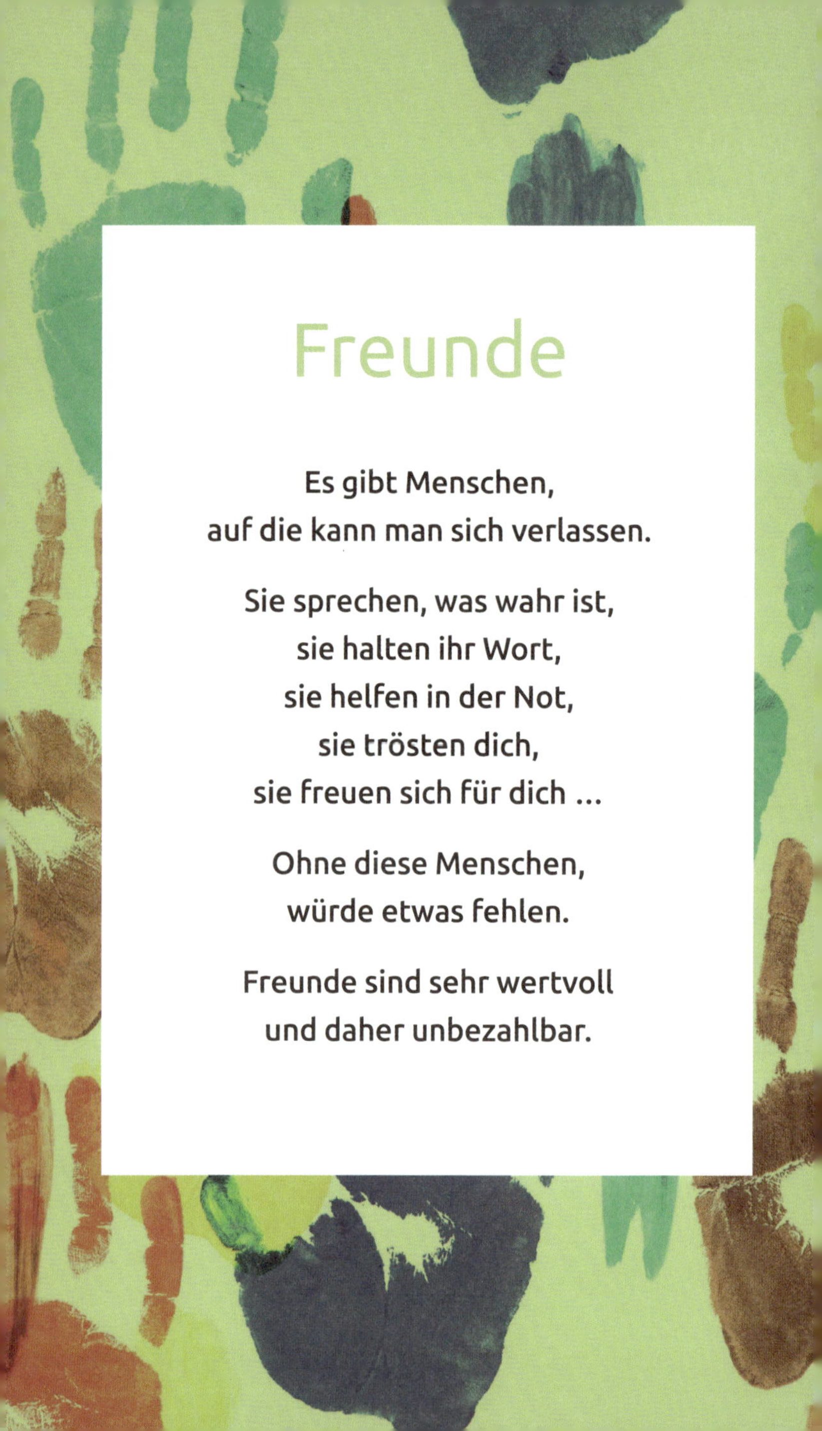

Freunde

Es gibt Menschen,
auf die kann man sich verlassen.

Sie sprechen, was wahr ist,
sie halten ihr Wort,
sie helfen in der Not,
sie trösten dich,
sie freuen sich für dich …

Ohne diese Menschen,
würde etwas fehlen.

Freunde sind sehr wertvoll
und daher unbezahlbar.

Freundschaft

Freundschaft

Reden

Empathie

Unterstützung

Nähe

Dankbarkeit

Seelenverwandtschaft

Charakterstärke

Herzlichkeit

Achtsamkeit

Fröhlichkeit

Toleranz

Der richtige Erbe

Ein kinderloses Ehepaar hatte beschlossen, sich von seinen Geschäften zurückzuziehen. Doch welchen seiner Neffen sollte es als Erben einsetzen? Wer würde das in ihn gesetzte Vertrauen nicht enttäuschen?

So ließen die beiden alle ihre Neffen nacheinander zu sich kommen, um ihnen jeweils einen Aktenkoffer zu überreichen. Jedem Neffen wurde eingeschärft, dass der streng vertrauliche Inhalt ausschließlich nur für den Notar bestimmt sei! Jeder der jungen Männer vermutete, dass es sich bei dem Dokument um ihr Testament handele.

Daraufhin erschien also ein Neffe nach dem anderen in dessen Kanzlei. Doch erst als der Notar den letzten Koffer öffnete, flog ein Vögelchen heraus.

Als der Notar die Verwunderung des jungen Mannes, der den letzten Aktenkoffer gebracht hatte, bemerkte, erzählte er von der klugen List seiner Tante. Er hatte sich offensichtlich als Einziger an die Anweisung seiner Tante und seines Onkels gehalten und den Koffer ungeöffnet beim Notar abgegeben. Nur in seinem Koffer sei das kleine Vögelchen noch gefangen gewesen, die Aktentaschen seiner Cousins dagegen seien allesamt leer abgegeben worden. Der Notar lächelte und gratulierte dem loyalen Mann zu seinem Erbe.

Immer wieder werden wir vom Leben
auf die Probe gestellt.

Am Ende geht es dabei meist weniger
um das Finden von Schwächen,

als vielmehr um das Aufzeigen
unserer Stärken.

Wünsche & Träume

Wünsche und Träume
bereichern unser Leben.

Je mehr wir unsere
Fantasie mit einbeziehen,
desto farbenfroher
und lebendiger wird es.

Die glücklichsten Menschen sind all jene,
die an jedem Abend, ganz egal,
wie unglücklich der Tag auch verlaufen ist,
immer etwas finden,
wofür sie dankbar sein dürfen.

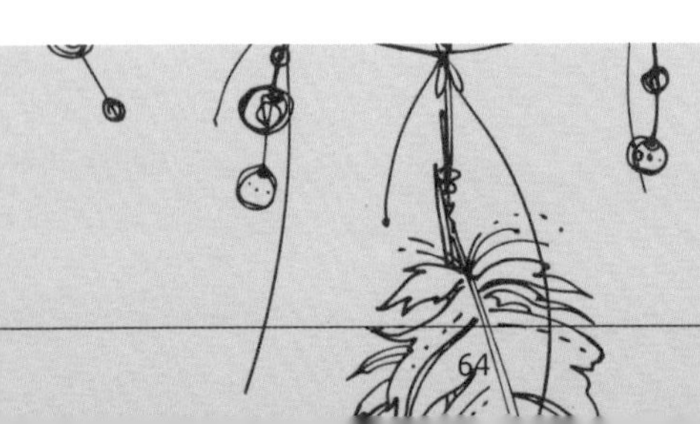

Ehrlichkeit

Ehrlichkeit

Herzlichkeit

Respekt

Liebe

Integrität

Charakter

Hilfsbereitschaft

Kommunikation

Einfühlungsvermögen

Intuition

Toleranz

Der dritte Teil

Ein Mann erzählt eine Geschichte: „Anfang der 60er Jahre hatte ich mich auf einer Geschäftsreise durch die Weinberge hoffnungslos verfahren. Da entdeckte ich einen Arbeiter, der gerade die Reben zuschnitt. Ich stellte den Motor ab und ging auf den Mann zu, der völlig in seine Arbeit vertieft war und ein fröhliches Lied dahinträllerte. Er erklärte mir freundlich den Weg. Ich bedankte mich und verwickelte ihn in ein Gespräch über seine Arbeit. So erfuhr ich Interessantes über die Weinstöcke und dass er jedes Monatsende 900 Schilling Lohn bekam. Erstaunt über den geringen Lohn fragte ich, wie er mit dem Geld auskommen würde. Da erzählte er voller Stolz, dass er selbst mit einem Drittel davon gut leben könne, mit dem anderen Drittel tilge er seine Schulden und das letzte Drittel würde er gut in seine Zukunft investieren.

Der Mann bemerkte, dass ich nun gar nichts mehr verstand, daher erklärte er genauer: „Einen Teil gebe ich an meine alten Eltern, die nicht mehr arbeiten können, aber viele Jahre für mich gesorgt haben und zahle somit meine Schulden ab. Den anderen Teil investiere ich in meine Kinder, in der Hoffnung, dass sie mich im hohen Alter auch nicht vergessen werden."

Wer im Leben von den Früchten
seiner Eltern ernten durfte,
sollte nicht vergessen,
neue Bäume zu pflanzen,
sodass auch die eigenen Kinder wieder
von deren Früchten ernten können.

Wir-Gefühl

Das „Wir-Gefühl" prägt eine
gute Gemeinschaft.

Dazu gehören auch das Zuhören, Einfühlen
und Verständnis-Zeigen,
aber auch füreinander da zu sein,
sich ehrlich zu begegnen und zu helfen,
wenn es möglich ist.

All diese Grundhaltungen
machen das Leben lebenswerter.

Gemeinschaft

Es sind nicht die wenigen
großen Taten von Einzelnen,
die in der Gemeinschaft
Grundsätzliches bewirken.

Vielmehr sind es die kleinen Taten Vieler,
welche die Gemeinschaft formen
und Großes bewirken.

Die eitle Eiche

Es war einmal ein prächtiger Eichenbaum, der auf einer sonnig gelegenen Anhöhe am Fuße der Berge thronte. Der Baum war sehr stolz auf seine Größe, seinen gleichmäßigen Wuchs und seine unzähligen, wunderbar grün schimmernden Blätter. Die Schönheit der Eiche blieb den Einheimischen und zunehmend auch Besuchern nicht verborgen, viele strömten von weit her, um den besonderen Baum zu bewundern und in dessen Schatten zu verweilen. Auch viele bunte Vögel saßen in den Ästen und ließen ihre fröhlichen Lieder erklingen.

Eines Tages kam ein Specht angeflogen. Er entdeckte, dass sich Bockkäfer in das Holz der stolzen Eiche gebohrt hatten, und freute sich sehr, denn Bockkäfer waren für ihn ein ganz besonderer Leckerbissen. Als der Specht am nächsten Tag wieder angeflogen kam und mit seinem spitzen Schnabel Löcher in den prachtvollen Stamm der Eiche hämmerte, wurde diese wütend. Sie beschimpfte und verscheuchte den Specht, da sie fürchtete, ihre vielen Bewunderer könnten sich vom Klopfen des Vogels gestört fühlen und schnell das Weite suchen, ohne vorher noch die Schönheit des Baumes entsprechend zu würdigen. „Na gut – ich hätte dir nur geholfen", sprach der Vogel, „du wirst schon sehen, was du von deiner Eitelkeit hast."

Von da an konnten sich die Käfer ganz ungestört in der Eiche ausbreiten, denn ihr einziger Feind war der Specht gewesen. Nach nicht allzu langer Zeit bereute die Eiche zutiefst, den Specht verjagt zu haben, aber nun war es zu spät und die vielen kleinen Käfer raubten dem einst so stolzen Baum alle Kraft. Ein heftiges Gewitter ließ des Nachts Wind und Blitz in den Baum fahren und entwurzelte schließlich die Eiche.

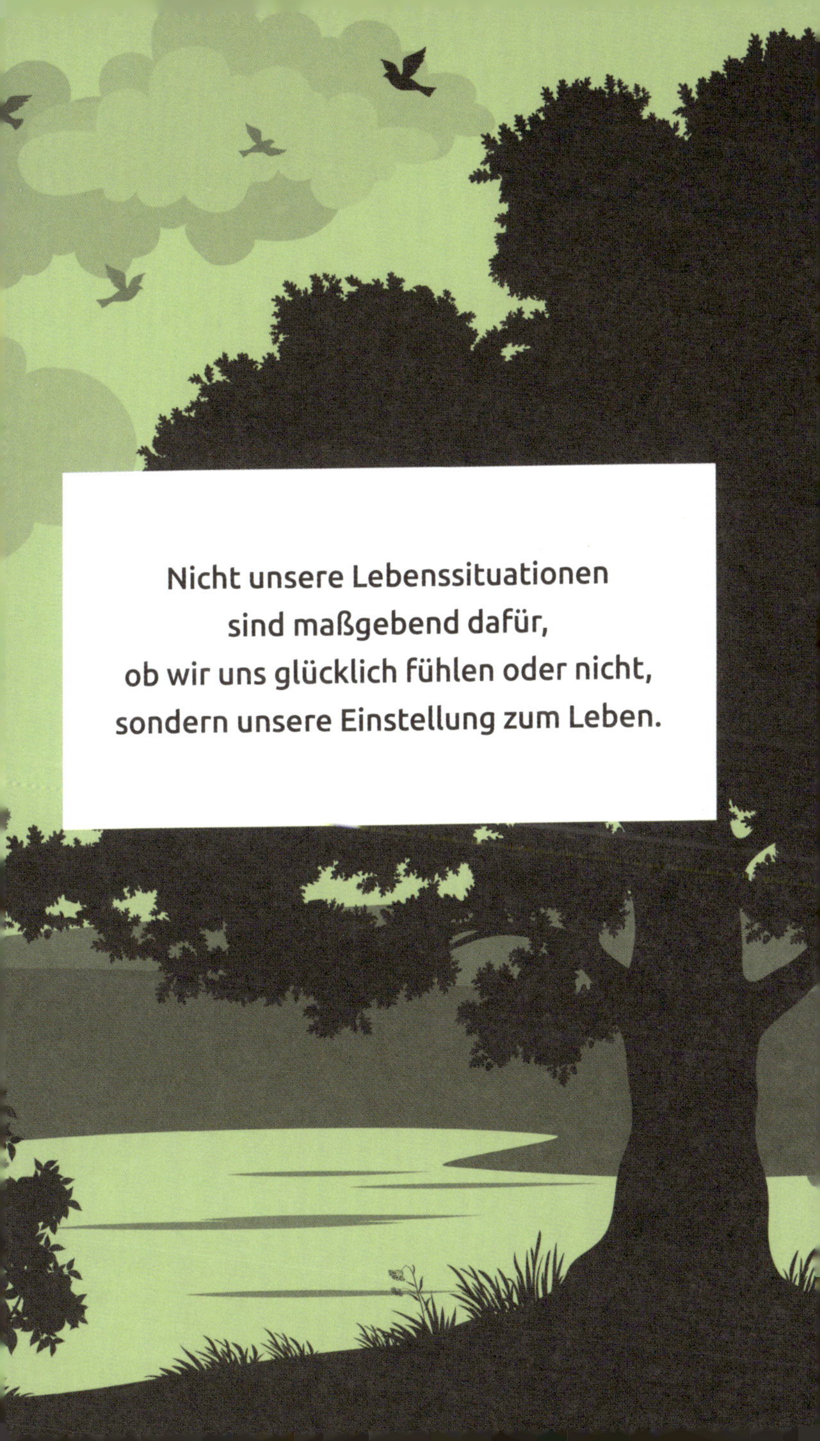
Nicht unsere Lebenssituationen
sind maßgebend dafür,
ob wir uns glücklich fühlen oder nicht,
sondern unsere Einstellung zum Leben.

Das Leben ist oft wie ein Spiegelbild,

so wie du dich gibst,

so gibt es dir das Leben zurück.

Weg des Herzens

Manchmal darf man
von seinem Weg abkommen,
um seinen Lebensweg zu finden.

Manchmal darf man Fehler machen,
um zu erkennen, was richtig ist.

Manchmal darf man etwas loslassen,
um wieder Halt zu finden.

Manchmal darf man etwas verlieren,
um etwas zu finden.

Manchmal darf man auch weinen,
um wieder von Herzen lachen zu können.

Manchmal darf man eine Türe schließen,
damit sich eine neue öffnen kann.

Aber immer darfst du tun,
was dir Glücksmomente fürs Herz bereitet.

Wenig wird mehr

Es waren einmal fünf Bettler, die sich des Abends zufällig an einer Feuerstelle trafen, um sich zu wärmen. Die Bettler schauten betreten in ihre Körbe.

Der erste hatte ein halbes Huhn bekommen, der zweite ein wenig Gemüse, der dritte eine Schale voll Reis, der vierte besaß lediglich ein paar Gewürze. Der fünfte Bettler hatte an diesem Tag gar nichts erbetteln können, aber er besaß einen alten Topf.

Er füllte den Topf mit etwas Wasser, das er über der Feuerstelle abkochte und bat die anderen, ihm ihre Zutaten anzuvertrauen. Sogleich kochte der Mann aus allen Zutaten eine wohlschmeckende Suppe, von der alle gut satt wurden.

Das große Ganze einer Gemeinschaft besteht oft aus vielen Kleinigkeiten.

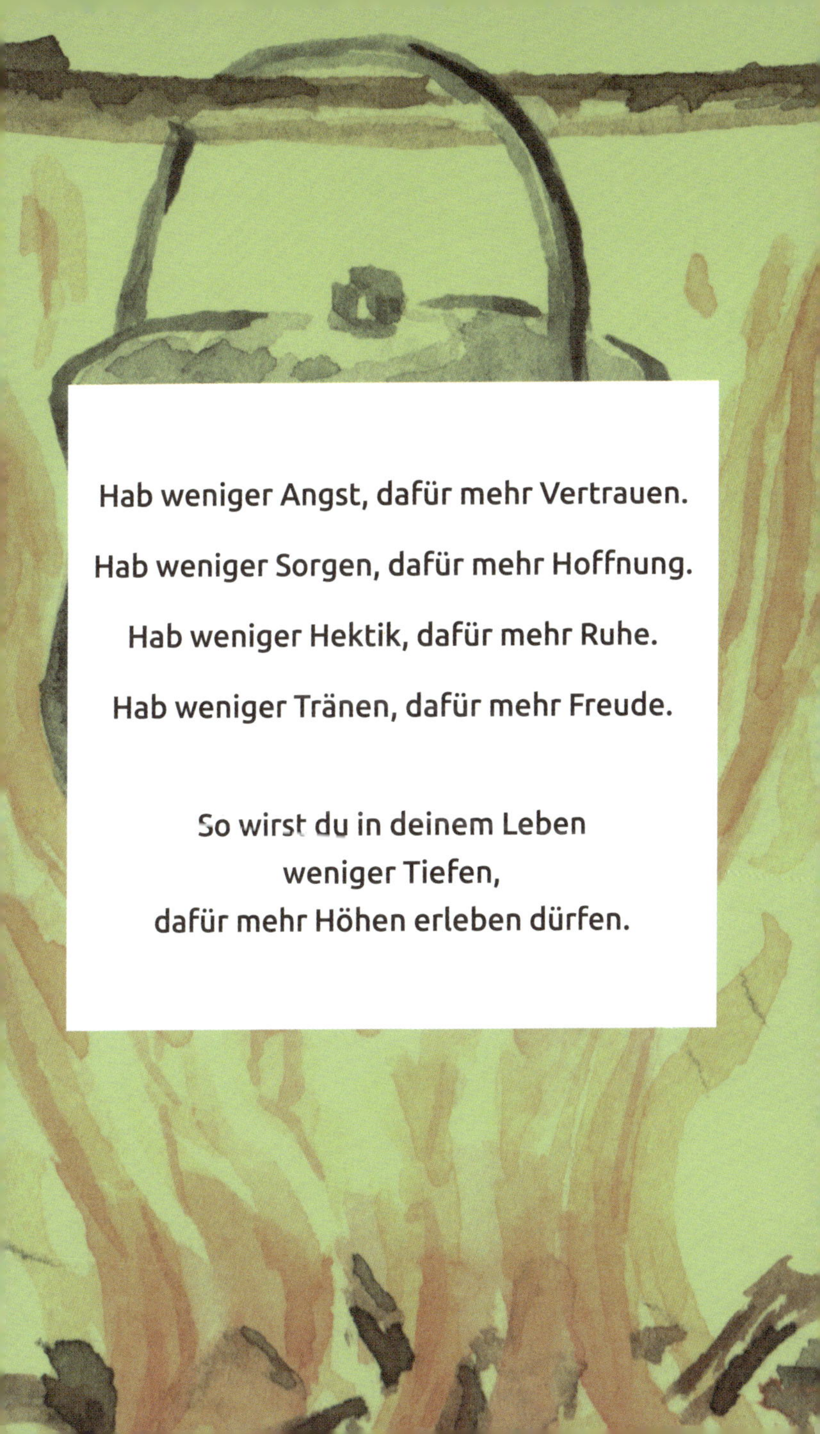

Hab weniger Angst, dafür mehr Vertrauen.

Hab weniger Sorgen, dafür mehr Hoffnung.

Hab weniger Hektik, dafür mehr Ruhe.

Hab weniger Tränen, dafür mehr Freude.

So wirst du in deinem Leben
weniger Tiefen,
dafür mehr Höhen erleben dürfen.

Sichtweisen

Zwei Frauen gingen täglich mit ihren Krügen zum Dorfbrunnen, um Wasser zu schöpfen. Eines Tages klagte der eine Krug dem anderen sein Leid: „Ach, wie nutzlos mein Leben doch ist. Jeden Tag werde ich bis zum Rand gefüllt und muss immer wieder zum Brunnen zurückgetragen werden, kaum dass ich geleert wurde."

Daraufhin meinte der andere Krug erstaunt: „Deine Betrachtungsweise kann ich gar nicht verstehen – beide sind wir doch wertvoll! Sobald ich leer geworden bin, freue ich mich darauf, wieder gut gefüllt zurückgetragen zu werden."

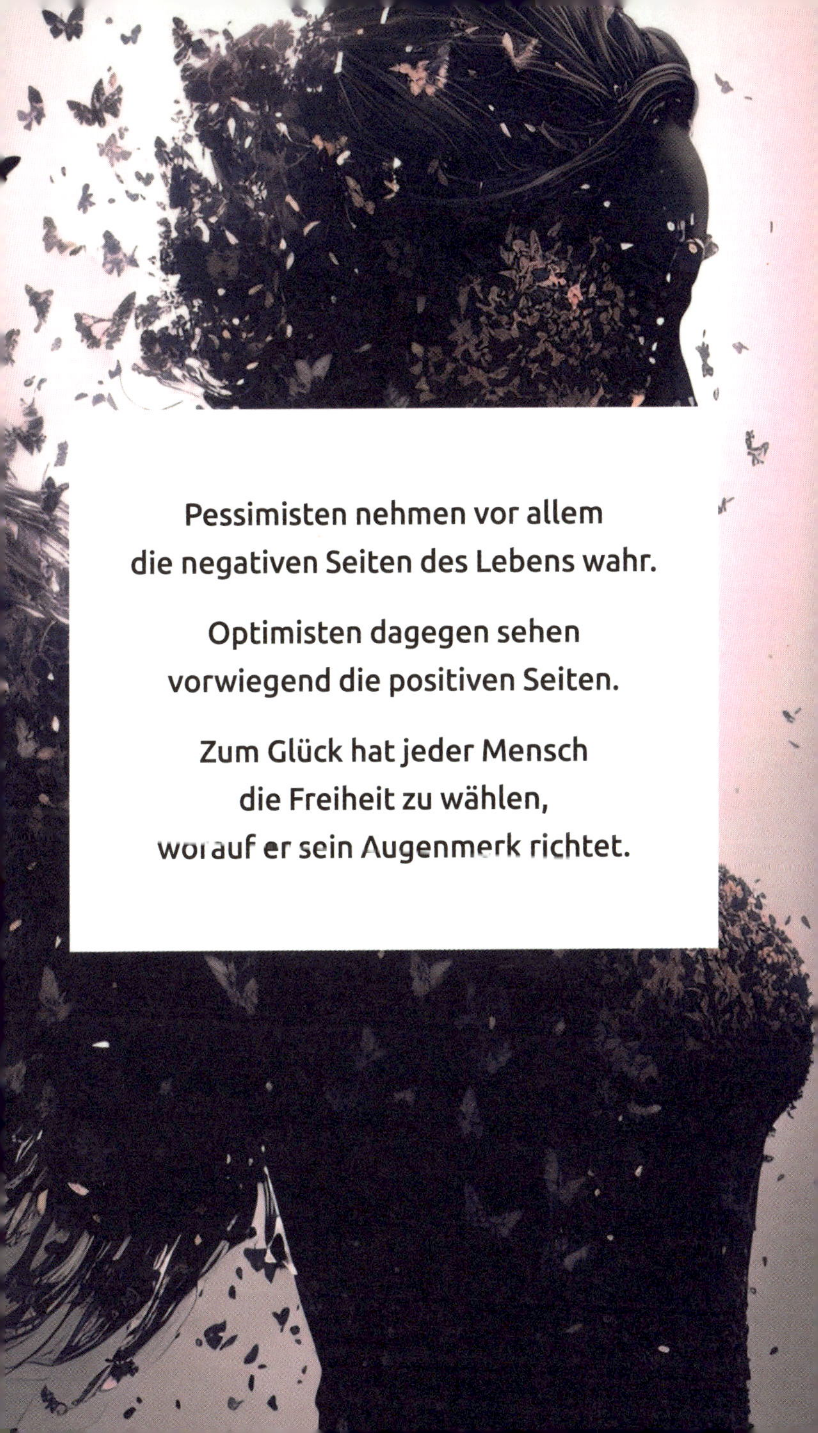
Pessimisten nehmen vor allem
die negativen Seiten des Lebens wahr.
Optimisten dagegen sehen
vorwiegend die positiven Seiten.
Zum Glück hat jeder Mensch
die Freiheit zu wählen,
worauf er sein Augenmerk richtet.

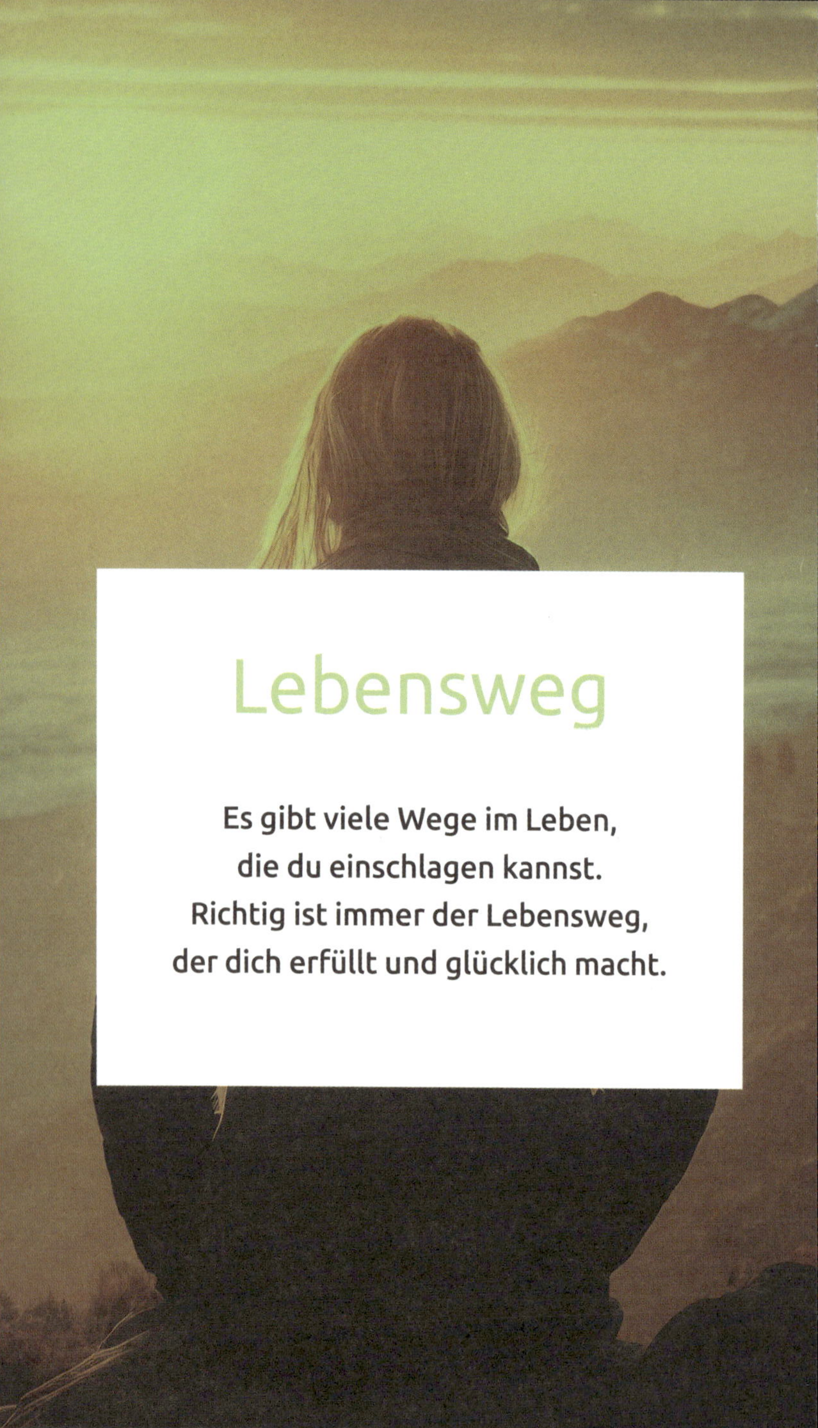
Lebensweg
Es gibt viele Wege im Leben,
die du einschlagen kannst.
Richtig ist immer der Lebensweg,
der dich erfüllt und glücklich macht.

Das Leben

WAS DAS LEBEN AUSMACHT …

Auch wenn es manchmal anders aussieht,
vertraue darauf, dass immer das Beste für dich
geschieht.

Wenn sich eine Türe vor dir verschließt,
erkenne die neuen Türen, die sich für dich
öffnen.

Ganz egal, wie sich manches im Leben
entwickelt, versuche nichts mehr zu bewerten.

Suche auch in Niederlagen nach dem
verborgenen Glück.

Mache dir täglich bewusst,
wofür du dankbar sein darfst.

Bringe jeden Tag einen Menschen zum Lachen,
selbst wenn du dich nur im Spiegel anlächelst.

Erinnere dich an das, was dir Spaß und Freude
macht, und wiederhole dies so oft wie möglich.

Der kaiserliche Hoflieferant

Es war einmal ein Konditorgeselle, der Tag und Nacht davon träumte, das Kaiserhaus mit seinen besonderen Torten beliefern zu dürfen. Über viele Jahre hinweg arbeitete und lernte er sehr eifrig und viel. Anton hatte bereits einige eigene Kreationen geschaffen, die sich im Kaffeehaus immer größerer Beliebtheit erfreuten.

Daher bat er den Chefkonditor immer wieder aufs Neue, dem Kaiserpaar eine seiner neuen Tortenkreationen liefern zu dürfen. Aber sein Meister verweigerte ihm vehement den Wunsch mit der Begründung, dass man den berühmten Namen der Hofkonditorei nicht wegen eines vernarrten Wunsches eines kleinen Gesellen beflecken dürfe.

Eine ältere Bedienstete, die für die Auslieferungen zuständig war, hatte schon mehrmals diese Gespräche mitgehört. Ihre Aufgabe war es, die Backwaren auf die feinen Tortenspitzen zu setzen und besonders sorgsam einzupacken – ganz bevorzugt natürlich die Bestellungen des Kaiserhauses.

Die alte Frau mochte Anton und war ebenso begeistert von seinem außergewöhnlichen Talent wie von seiner Leidenschaft für die Konditorei. Dagegen konnte sie den Chefkonditor immer weniger leiden, da er zunehmend überheblich wurde und sich auf seinen alten Lorbeeren ausruhte.

Daher packte sie bei allen Torten-Bestellungen an das Kaiserhaus nur noch die Kreationen des Gesellen ein. Als daraufhin keinerlei Nachfragen oder Beschwerden, wohl aber lobende Worte folgten, zog sie diese List über mehrere Wochen bis kurz vor ihren Ruhestand durch.

Als sie nun dem Kaiserhaus korrekterweise wieder die Torten des Chefkonditors lieferte, wollten diese dem Kaiserpaar nicht mehr munden und man ließ beim Chefkonditor nachfragen, warum denn nicht die wunderbar neuen, frischen Tortenkreationen geliefert worden seien.

Somit flog der liebevolle Schwindel auf, der Chefkonditor warf verärgert das Handtuch und Anton durfte sich fortan als neuer Hofkonditor rühmen.

Bleibe deinen Visionen treu! Denn nur dein Streben und deine Sehnsucht nach der Erfüllung geben dir die nötige Kraft zur Verwirklichung.

Erfüllung

Du solltest es dir wert sein, all jenes,
was dich erfüllt und glücklich macht,
jetzt zu tun
und nicht auf später zu verschieben.

Denn es wird der Zeitpunkt kommen,
an dem es zu spät ist,
all das Verschobene nachzuholen.

Nicht aufgeben

Es scheint,

dass vieles im Leben unmöglich,

beziehungsweise vieles nicht erreichbar ist.

Doch wer aufgibt, hat schon verloren!

Wer jedoch an sich selbst glaubt

und seine Träume verwirklicht,

erlebt manchmal Wunder.

Die reichhaltige Ernte

Es war einmal ein rechtschaffener, fleißiger Bauer, der seine Felder gut bestellte. Als eines Jahres die Ernte sehr reichhaltig ausfiel, beschloss er, den zehnten Teil des Ertrages unter den Armen zu verteilen.

Im darauffolgenden Jahr war der Ertrag noch besser, und so konnte er die Armen wieder mit einem zehnten Teil unterstützen. So war es auch bei ihm im dritten Jahr, als bei allen benachbarten Feldern der Weizen kaum Körner trug.

Da erkundigten sich die Nachbarn bei dem Bauern nach dem Geheimnis seiner guten Ernte.

Daraufhin machten es ihm die Nachbarn gleich und gaben ebenso den zehnten Teil ihres Gewinnes an die Bedürftigen ab. Seit dieser Zeit brachten die Felder reichhaltige Erträge ein und es gab im ganzen Land nun keine Armut mehr.

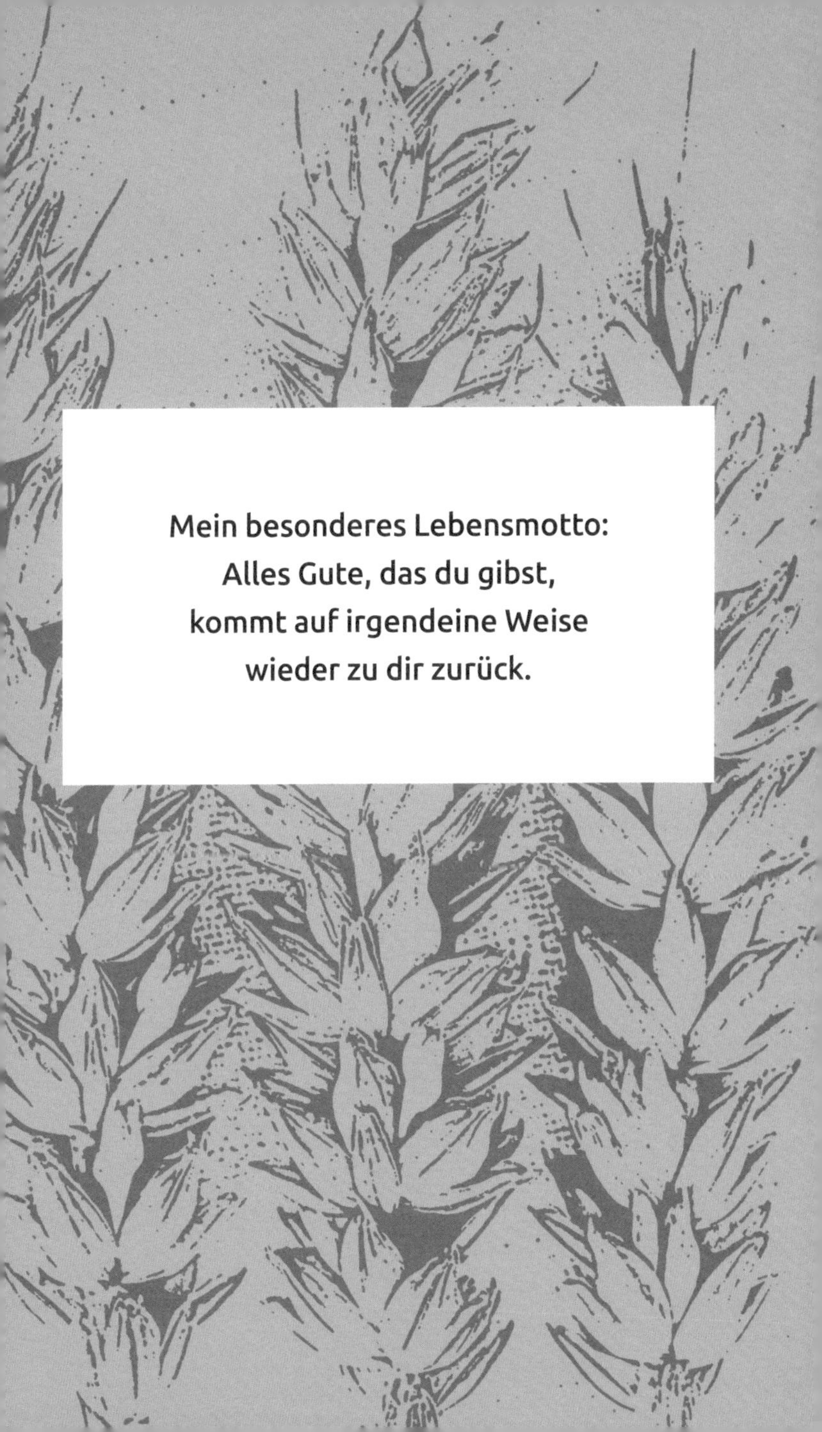

Mein besonderes Lebensmotto:
Alles Gute, das du gibst,
kommt auf irgendeine Weise
wieder zu dir zurück.

Die zufriedenen Zuschauer

Auf dem Marktplatz führte ein Seiltänzer in schwindelerregender Höhe seine Künste vor. Als Höhepunkt seiner Darbietung galt es, einen Schubkarren über das Stahlseil auf die andere Seite zu schieben. Die Spannung stieg, die Zuschauer hielten den Atem an, und es war so leise, dass man eine Stecknadel hätte fallen hören. Doch als der Artist scheinbar mühelos mit seinem Gefährt die andere Seite erreicht hatte, brandete euphorischer Applaus auf.

Der Künstler verbeugte sich und fragte sein Publikum, ob es glaube, dass er den Schubkarren auch wieder sicher auf die andere Seite zurückbringen könne. Erneut wurde ermutigend geklatscht, gepfiffen und gejubelt. Die Zuschauer feuerten den Seiltänzer an, sein Kunststück zu wiederholen. Immer mehr Menschen wurden inzwischen von diesem Spektakel angelockt. Der Artist verbeugte sich mehrmals und bedankte sich für das in ihn gesetzte Vertrauen. Dann fragte er noch einmal in die Menschenmenge, ob sie ihm wirklich voll und ganz vertraue. Umgehend wurde gerufen: „Ja, natürlich, selbstverständlich, hundertprozentig …"

„Euer großes Vertrauen ehrt mich zutiefst", rief der Seiltänzer, „so bitte ich einen von euch, die ihr mir euer Vertrauen geschenkt habt, zu mir herauf, damit er sich in den Schubkarren setzen kann." Dieser Aufforderung folgten verlegene Blicke und betretenes Schweigen. Kein Einziger traute sich, sich so hautnah in eine solch lebensgefährliche Situation zu begeben. Jeder Einzelne war damit völlig zufrieden, einfach nur ein Zuschauer zu sein.

Nach einer Erzählung

Manche Menschen sind so lange mutig,
bis sie vom Unerwarteten
beunruhigt werden.

Dann braucht es manchmal wieder Mut,
um zuzugeben,
dass einem die Angst im Nacken sitzt.

Der Wert eines Lächelns

Ein Lächeln ist der Schlüssel zum Herzen.

Ein Lächeln ist eine kostenlose Investition
mit erstaunlicher Rendite!

Ein Lächeln im Geschäft zieht die Kunden an.

Ein Lächeln ist manchmal kurz wie ein Blitz, die
Erinnerung daran kann jedoch lange währen.

Ein Lächeln sagt mehr als tausend Worte.

Ein Lächeln mildert Traurigkeit, Mutlosigkeit und Ärger.

Ein Lächeln im Haus schafft ein harmonisches Heim.

Ein Lächeln ist ein Zeichen für Liebe, Glück und Dankbarkeit.

Ein Lächeln ist Balsam für die Seele.

Schenke dein Lächeln vor allem denjenigen, die nicht mehr
lachen können, denn sie brauchen es am meisten.

Kein Mensch ist so reich,
dass er auf ein Lächeln verzichten könnte.

Kein Mensch ist so arm,
dass er sich ein Lächeln nicht leisten könnte.

Ein Lächeln hat den allergrößten Wert,
wenn es von Herzen kommt!

Die Welt besser machen

Es ist gar nicht so schwer, die Welt ein wenig besser zu machen: Dazu zehn einfache Möglichkeiten, die nichts kosten und die dennoch so wertvoll sind!

Den Menschen mit einem Lächeln begegnen.

Ein ehrliches Lob oder Kompliment aussprechen.

Ein wenig mehr Rücksicht nehmen.

Den Mutlosen ein wenig Hoffnung geben.

Menschen eine Tür aufhalten.

Einsamen Menschen ein wenig Zeit schenken.

Bedürftigen Hilfestellung anbieten.

Manchmal einfach nur ein offenes Ohr haben.

Entfernte Freunde oder Verwandte anrufen oder einen Brief schreiben.

Lieben Menschen sagen:
„Schön, dass es dich gibt!"

Selbstverständlichkeiten

Ein Mann sitzt mit seinem 17-jährigen Sohn im Zug. Mit großen Augen schaut der junge Mann aus dem Fenster und fragt: „Papa, ist das eine Kuh?" Der Vater lächelt und antwortet: „Ja, mein Sohn." Aufgeregt spricht der Junge weiter: „Papa, diese Blumen sind Sonnenblumen, oder?" Die Antwort lautet wieder: „Ja, mein Sohn." Viele weitere Fragen folgen: „Papa, ist das ein Lastwagen? ... eine Tanne? ... ein Hubschrauber? ... ein hoher Berg ...?" Stets folgt dieselbe Antwort: „Ja, mein Sohn."

Zwischendurch zeigt der Vater in eine Richtung und sagt: „Schau, mein Sohn, der Vogel ist ein Bussard, dieser Baum ist eine Eiche und dort ist ein Rapsfeld ..."

Ein Fahrgast, der den beiden gegenübersitzt, spricht den Vater nach einer Weile an: „Bei allem Respekt, das Verhalten Ihres Sohnes ist doch sehr merkwürdig." Gespreizt weist er ihn darauf hin, dass es heutzutage doch sehr gute Kliniken für Fälle „wie diesen" gäbe und die Medizin in alle Richtungen große Fortschritte mache. Der Vater unterbricht ihn: „Wie recht Sie doch haben!", ruft er und fährt freundlich fort: „Von solch einer Fachklinik kommen wir gerade. Mein Sohn hat vor zwölf Jahren sein Augenlicht verloren und kann seit wenigen Tagen wieder sehen."

Sichtlich beschämt senkt der Mann den Blick. Nach einer Weile wendet er sich dem Jungen zu: „Junger Mann, ich muss mich bei Ihnen entschuldigen." Und nach einer Pause sagt er noch: „Und ich möchte mich bei Ihnen bedanken. Sie haben mir eben aufgezeigt, dass ich vieles Wertvolle im Leben gar nicht mehr wahrnehme, weil ich es für selbstverständlich gehalten habe."

Wie oft vergessen wir,
im Alltagsstress innezuhalten.

Dabei sind es die vielen kleinen
Selbstverständlichkeiten,
die zum Glücklichsein beitragen.

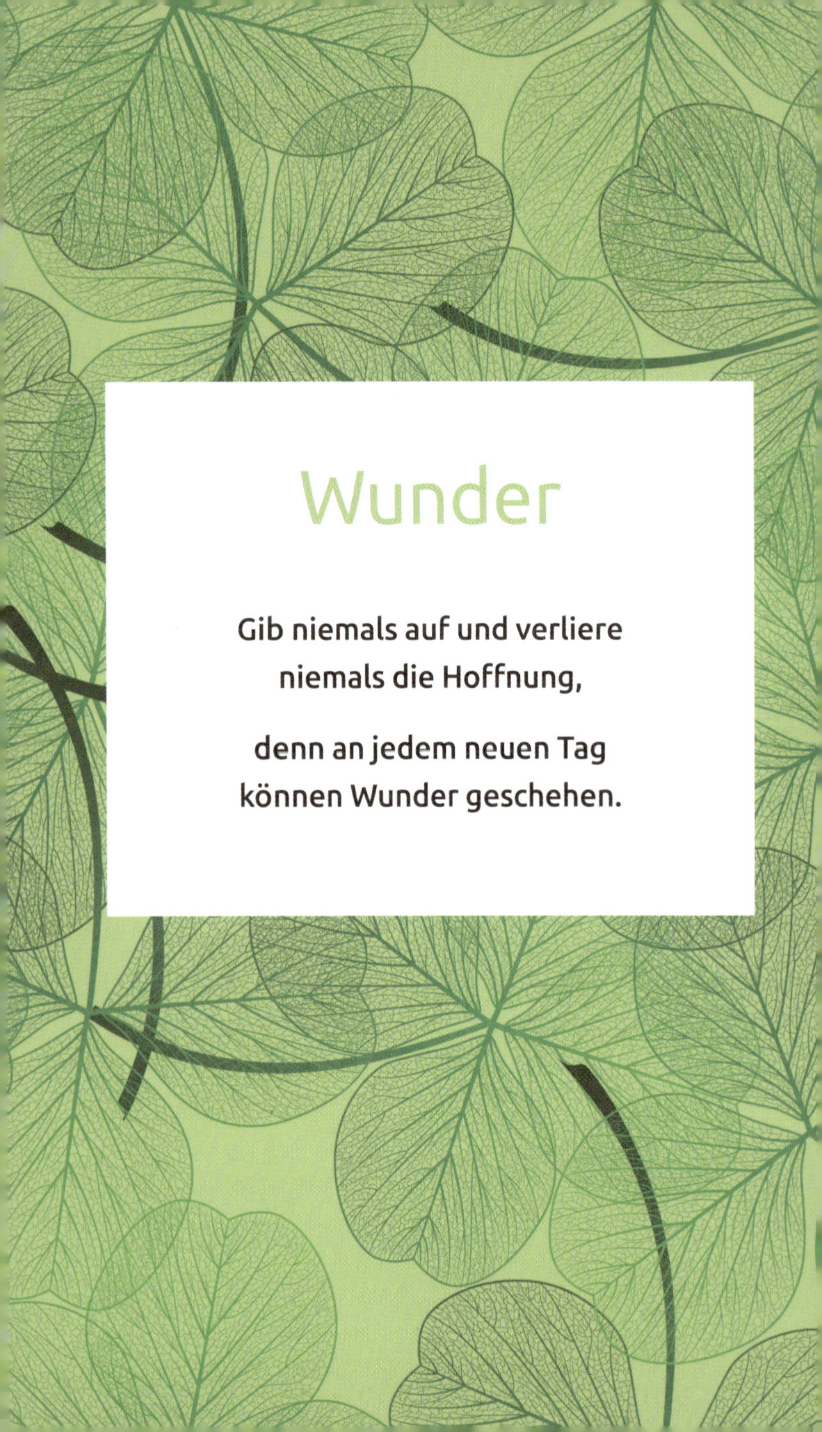
Wunder
Gib niemals auf und verliere
niemals die Hoffnung,
denn an jedem neuen Tag
können Wunder geschehen.

Zufriedenheit

Bevor ich darüber nachdenke,

was mir fehlen könnte,

mache ich mir stets bewusst,

wofür ich dankbar und zufrieden sein kann.

Ich glaube, dass die dankbarsten

und zufriedensten Menschen

auch die glücklichsten sind.

Eingesparte Zeit

Das Kindermädchen war krank geworden und so musste die neunjährige Marie das Wochenende über mit ihren Eltern zu einer für sie sehr langweiligen Ausstellung reisen, die jedoch für die Eltern aus beruflichen Gründen sehr wichtig war.

Als sie auf der Rückreise mit dem Flugzeug wieder in der Heimatstadt gelandet waren, mussten sie alle schnell laufen, damit sie noch rechtzeitig die nächste S-Bahn in die Stadt erreichten. Der Vater lobte Marie: „Du bist wirklich schnell gelaufen, so haben wir eine halbe Stunde Zeit eingespart."

Am Hauptbahnhof angelangt, gab es eine Terminverschiebung, und so mussten die drei wieder rennen, um die nächste U-Bahn zu erwischen. Gerade noch, bevor sich die Türen schlossen, konnten sie sich hineinzwängen. Und wieder bekam Marie ein Lob, denn es wurden weitere fünfzehn Minuten Zeit eingespart. An der nächsten Haltestelle schaute der Vater besorgt auf die Uhr, nahm das Kind an der Hand und meinte, wenn Marie jetzt wieder ganz schnell laufen würde, dann könnten sie noch den nächsten Bus schaffen, und das würde wieder eine halbe Stunde Zeit einsparen. Und wieder lief Marie, so schnell sie ihre kurzen Beinchen tragen konnten.

Als sie in ihrer Straße aus dem Bus stiegen, schaute die Mutter erfreut auf die Uhr und sagte zu Marie: „Wenn wir noch einmal ganz schnell laufen, erreichen wir noch den Imbissstand, bevor er schließt, und wir sparen eine Dreiviertelstunde Zeit ein, die Papa und ich sonst in der Küche stehen müssten."

Nachdem die Familie zusammen gegessen hatte, wollte Marie mit den Eltern noch eine Stunde spielen. Aber die Eltern entgegneten, dass sie nun nach diesem anstrengenden Wochenende wirklich keine Zeit mehr hätten, um mit ihr noch etwas zu spielen.

Da nahm Marie ein Blatt Papier und notierte eine Rechenaufgabe. Diese legte sie den Eltern auf den Schreibtisch, an dem beide gerade wieder in ihre Arbeit vertieft waren. Marie meinte, dass sie keine Lösung für diese schwierige Aufgabe finden könne und bat die Eltern, ihr zu helfen.

Als der Vater sich endlich Zeit nahm, um sich Maries Rechenaufgabe anzusehen, war er sehr betroffen und reichte die Aufgabe mit dem Hinweis, dass er selbst die Lösung auch nicht wüsste, an seine Frau weiter. Da nahm die Mutter das Blatt zur Hand und las: „Wenn ein Kind immer ganz schnell läuft, um dabei zu helfen, Zeit einzusparen, gelingt ihm dabei Folgendes: Es spart eine halbe Stunde + 15 Minuten + eine halbe Stunde + eine Dreiviertelstunde Zeit ein, das ergibt zusammen ganze zwei Stunden. Die Eltern haben dann aber trotzdem keine Zeit, um mit dem Kind auch nur die Hälfte der eingesparten Zeit zu spielen! Was wäre geschehen, wenn das Kind nicht so schnell gelaufen wäre?"

Berührt sahen sich beide Eltern an und gingen gemeinsam in das Kinderzimmer zu ihrer Tochter. Aber beide hatten sie die Zeit verpasst, denn das Kind war eingeschlafen.

Erinnerungen

Wenn ein Kind erwachsen ist,
wird es sich kaum daran erinnern,
wie nobel ein Haus war,
wie unkrautfrei ein Garten oder
wie sauber die Fenster stets geputzt waren.

Aber ein Kind wird sich
immer daran erinnern,
wie viel Zeit mit ihm verbracht und
wie viel Liebe ihm
entgegengebracht wurde.

Familie

Als ich noch klein war,
zeigte mein Vater auf eine mächtige Eiche
und erklärte mir:

„Eine Familie ist wie dieser Baum.
Die Äste und Zweige wachsen in unterschiedliche Richtungen, aber die tief verankerten Wurzeln halten stets alles zusammen."

Das Erfolgsgeheimnis

Ein Mann erzählt über das Geheimnis seines Erfolges: „In jungen Jahren gab es einen Berg, den ich ganz besonders mochte. Immer wenn ich mich für etwas belohnen wollte oder aber auch Kummer und Sorgen hatte, ging ich auf diesen Berg. Es war beinahe wie Magie, denn stets konnte ich dort am Gipfel abschalten, wieder auftanken oder auch die Lösungen meiner Probleme finden. Doch eines Tages, als ich kurz vor dem Gipfel war, raste mein Puls wie wild, und ich vermochte nicht mehr weiterzugehen. Also setze ich mich auf einen Stein und schaute zurück auf den weiten Weg, den ich bereits hinter mir gelassen hatte. Dann sah ich sehnsüchtig zum Gipfel, der nur noch wenige hundert Meter entfernt lag. So beschloss ich, nur weitere fünfzig Meter zu gehen. Dann legte ich wieder eine Pause ein — schaute abermals zurück und freute mich über die Wegstrecke, die ich bereits geschafft hatte.

Auf diese Weise setzte ich meine Wanderung fort, bis ich zwar langsamer als sonst, aber schließlich doch glücklich am Gipfel angelangt war.

Diese ganz einfache Begebenheit prägt bis heute meinen Werdegang. Niemals habe ich meine Ziele aus den Augen verloren. Ich habe jedoch auch immer wieder zurückgeschaut, um zu sehen, was ich bereits geschafft habe. Manchmal musste ich Pausen einlegen und auftanken, wenn mir die nötige Kraft fehlte, um meine Ziele zu erreichen. Umkehren brauchte ich nie, aber manches Mal im Leben musste ich Umwege in Kauf nehmen oder auch ganz neue Wege einschlagen. Das Bild von meinem Berggipfel trage ich stets in meiner Brieftasche bei mir.

Ausdauer bedeutet,

stets weitblickend das Ziel

im Auge zu behalten.

Ziele

Wer erfolgreich
an sein Ziel kommen möchte,
sollte nicht vergessen:

dass man in seinem Leben
Fehler machen darf, um zu lernen,

dass man andere um Rat fragen darf,
um von deren Erfahrungen zu profitieren,

dass man sich im Leben bisweilen
Zeit lassen muss, um Zeit zu gewinnen.

Wege zum Erfolg

Im Leben gibt es viele Wege,
die zum Erfolg führen.

Aber es gibt nur einen Weg,
der dich zum Glück führt.

Wenn du diesen Weg gefunden hast,
dann findest du auch den Weg zum Erfolg.

Unter den Eichen

Anna und Walter sitzen auf ihrer Lieblingsbank unter den Eichen. »Weißt du noch, wie damals alles begonnen hat?«, fragt die Frau verträumt.

Lächelnd nickt der alte Mann und gibt ihr einen innigen Kuss. Beide erinnern sich: Sie hatten sich auf dem Jahrmarkt kennengelernt und wussten sofort, dass ihre beiden Herzen zusammengehörten.

Die Verliebten schlenderten damals über den Marktplatz und steuerten auf eine Menschenansammlung am Rande des Dorfes zu. Dort wurde ein Wettbewerb veranstaltet. Auf einer Bank stand der Besitzer der dortigen Wiese mit zwei Eicheln in seinen Händen. Er erregte großes Aufsehen mit seinem lauten Geschrei. »Kommt alle her und seht! Das sind Liebeseicheln!

Wer traut es sich zu, ein Denkmal für die nächsten Generationen zu setzen? Auf dieser Bank sollen einmal Liebespaare sitzen und es behaglich haben. Damit hier ein lauschiges Plätzchen entstehen kann, sollen zwei mächtige Eichen den nötigen Schatten spenden.

Wer von euch findet den richtigen Abstand, den diese Eichen brauchen, um gemeinsam wachsen und zusammen alt werden zu können? Unser Dorfgärtner ist der Schiedsrichter und entscheidet, wer die Aufgabe am besten gelöst hat.«

Nacheinander traten etliche Pärchen vor und legten die Eicheln nach ihren Vorstellungen auf die Erde nieder. Die Entfernungen der verschiedenen Vorschläge reichten von fünfzig Zentimetern bis zu drei Metern.

Anna und Walter waren die Letzten, die ihren Tipp abgaben. Als sie jedoch die zwei Eicheln in einem Abstand von sieben Metern auf die Erde legten, wurden sie von den Zuschauern nur lauthals ausgelacht!

Der alte Gärtner hingegen nickte erfreut und grub die zwei Liebeseicheln genau dort ein, wo die beiden diese hingelegt hatten. Lächelnd sagte er: »Mit dieser Entfernung können sich die Eichen gut entwickeln. Jeder bleibt für sich ein eigenständiger Baum und keiner nimmt dem anderen die Sonne und die Luft zum Atmen. Auch die Wurzeln behindern einander nicht. Dennoch werden die Bäume eine Gemeinschaft bilden, denn wenn der Wind über sie hinwegweht, dann können sich ihre Äste sanft berühren.«

So begann es damals, vor über fünfzig Jahren. Händchenhaltend und in Gedanken versunken sitzen Anna und Walter unter den beiden mächtigen Eichen, deren Äste sich in luftiger Höhe begegnen, und horchen auf das Rascheln der Blätter.

Nach einer Hochzeitsrede

Beziehung

Eine gute Beziehung gleicht zwei Bäumen, die im richtigen Abstand nebeneinander wachsen dürfen.

Liebe

GEBEN ohne zu fordern,

NEHMEN ohne zu besitzen,

HELFEN ohne zu fragen,

HALTEN ohne zu fesseln,

BERÜHREN nur mit dem Herzen.

... Das ist für mich Liebe.

Kann man alles kaufen?

Tante Mathilde war gerade zu Besuch auf dem Sternöderhof, um ihre Weihnachtsgeschenke abzuliefern. Die fünfjährige Anna hörte die Stimme ihrer Taufpatin und stürmte freudig ins Wohnzimmer, um sie zu begrüßen. Als ihr die Tante ein paar Münzen zusteckte, strahlte sie übers ganze Gesicht, verschwand und kam umgehend mit einem vollen Sparschwein zurück.

Die Kleine fragte: „Du, Tante, mit Geld kann man doch alles kaufen, oder?" Die Tante meinte: „Na ja, vielleicht nicht alles, aber man kann sich viele Wünsche erfüllen." Ganz aufgeregt murmelte das Kind vor sich hin: „Hoffentlich reicht das Geld."

Die Tante war nun neugierig geworden und wollte wissen, für was sie denn so viel Geld brauche?

„Die Mama sagt immer, wenn sie sich ein paar Stunden Zeit kaufen könne, dann würde sie so gerne mit mir spielen. Tante, kannst du nicht in der Stadt für Mama ein paar Stunden Zeit kaufen, damit sie mehr Zeit für mich hat?"

Die Tante war gerührt und versprach, ihr Möglichstes zu tun.

Mathilde ging nachdenklich in die Küche, wo sie ihre Schwester mit hochrotem Kopf beim Putzen vorfand. Gleich fing diese an zu jammern, wie viel Arbeit sie habe, dass nur noch zwei Wochen bis Weihnachten seien und dass sie noch kein einziges Geschenk gekauft habe …

Die Tante unterbrach ihren Redeschwall, hielt ihr das Sparschwein hin und fragte, ob sie wisse, wofür Anna hier spare? Auf ihre Verneinung hin erklärte sie, dass Anna von diesem mühsam zusammengesparten Geld ein paar Stunden Zeit kaufen wolle, um die Mama auch mal für sich allein zu haben!

Betroffen wischte die Mutter ihre Hände an der Schürze ab und setzte sich auf einen Stuhl.

Mathilde legte ihr die Hand auf die Schultern und sagte, noch bevor sie ging: „Weißt du, wenn deine Kinder groß sind, werden sie sich nicht an deine sauberen Fenster oder deinen perfekten Garten erinnern. Doch die Zeit, die du mit ihnen verbracht hast, bleibt für immer unvergessen!"

Die Mutter stellte den Putzeimer zur Seite und ließ ihre Arbeit ruhen. Sie band ihre Schürze ab und ging mit Tränen der Rührung ins Kinderzimmer.

Sage nicht immer: „Wenn ich Zeit dazu habe."
Vielleicht findest du nie Zeit dafür.
Daher nimm dir Zeit,
für alles, was dir am Herzen liegt!

Wer Gutes sät …

Es war einmal eine Mutter, die sich nicht entscheiden konnte, welcher ihrer drei Töchter sie den Familienschmuck vererben sollte.

Schließlich hatte sie einen Einfall und gab jeder Tochter ein Säckchen, das mit Samenkörnern gefüllt war. Sie erklärte, dass diejenige, welche den Samen über ein ganzes Jahr hinweg am besten hüten würde, den Familienschmuck erhalte.

Die Älteste suchte sich einen trockenen Ort, um dort die Samen aufzubewahren. Die zweite Tochter hatte Angst, dass ihr der Samen verderben könnte. Daher verkaufte sie Samenkörner, um sich in einem Jahr für das Geld eine gute Qualität zu kaufen. Die Jüngste setzte die Samenkörner in den Garten.

Als das Jahr vorüber war, gab die Älteste das Säckchen mit dem unversehrten Samen zurück. Die zweite Tochter hatte sich neuen Samen gekauft, was die Mutter sofort bemerkte. Die Jüngste aber gab ihr die dreifache Menge an Samenkörnern zurück. Die Mutter war erfreut, denn ihre Tochter hatte den Garten in ein wahres Blumenparadies verwandelt und jedes Mal, wenn die Blumen verblüht waren, hatte sie den Samen abgenommen und vermehrt.

Wer Gutes sät,
kann Gutes ernten.

Wer Gutes erntet,
kann den Samen vermehren.

Wer den Samen vermehrt,
verbreitet das Gute.

Kompliment

Ein wunderschönes Kompliment,
das man besonderen
Menschen machen kann,
ist offen und ehrlich zu sagen:
„Schön, dass es dich gibt!“

Lobende Worte

Lobende Worte beflügeln uns
und wir können wahrhaft stolz auf uns sein.

Diese Bestätigungen sind wie Balsam für die
Seele, und das brauchen Kinder
genauso wie Erwachsene.

Freud und Leid

Vier Brüder hatten ihre Mutter zu Grabe getragen. Nach der Trauerfeier, an der die Dorfgemeinschaft sowie alle Verwandten und Bekannten teilgenommen hatten, gingen die Söhne nach Hause.

Kaum daheim angekommen, wurde der jüngste Bruder von den anderen gerügt, wie unmöglich er sich auf der Trauerfeier benommen habe.

Der Jüngste, der gar nicht verstehen konnte, was ihm vorgeworfen wurde, fragte daher nach.

„Du hast dich völlig daneben benommen", warfen ihm die Brüder vor, „du hast sogar gelacht und warst stets fröhlicher Stimmung, obwohl unsere Mutter erst vor drei Tagen verstorben ist!"

Der junge Mann, der seiner Mutter genaugenommen immer am nächsten gestanden war und sehr um sie trauerte, konnte diese Vorwürfe gar nicht verstehen. Er musste ein paar Mal schlucken, bevor er antwortete: „Ich habe seit dem Tod unserer Mutter kaum Schlaf gefunden, da mich der Verlust sehr belastet hat. Aber bei der Trauerfeier habe ich mich wirklich gefreut, Bekannte und Verwandte wiederzusehen, die ich schon lange nicht mehr getroffen hatte. Zudem hat es mein Herz berührt, wie liebevoll und wertschätzend über unsere Mutter gesprochen wurde. Gutgetan hat es mir auch, alte Erinnerungen aufzufrischen. Zu guter Letzt war das Essen wirklich hervorragend."

Da empörte sich der Älteste: „Ist es dir ganz egal, was die Leute über dich reden?" Da antworte der Jüngste: „Was Leute über mich reden, berührt mich nicht. Aber wie meine eigenen Brüder über mich denken, betrifft mich doch. Freud und Leid hängen oft eng zusammen. Ich vermisse unsere Mutter sehr, aber auf der anderen Seite weiß ich auch, dass der Tod eine Erlösung für sie war." Nach betretenem Schweigen ergriff der Ältere das Wort: „Es war eine Trauerfeier, wie sie unserer Mutter gefallen hätte und das Essen war wirklich köstlich."

Auch wenn es sehr schmerzvoll ist, liebe Angehörige zu verlieren. Sollte man bedenken, dass es kaum in deren Sinne gewesen wäre, sich in der Trauer zu verlieren.

Der größte Meister?

Es waren einmal drei große Meister, die über Jahre hinweg im Wettstreit lagen, wer wohl der Mächtigste von ihnen sei.

So wurde beschlossen, dass sie ihre Kräfte in einem öffentlichen Wettkampf in mehreren Durchgängen messen. Als Ort wurde eine große Arena gewählt, damit alle Zuschauer einen guten Blick auf das Geschehen hatten. Denn der Applaus der Zuschauer sollte den wahren Meister bestätigen.

Die großen Meister erschienen in ihren prächtigsten Gewändern und wurde jeweils von einem enormen Gefolge von Schülern und Anhängern begleitet. Zudem waren Hunderte von Schaulustigen vor Ort, welche sich solch eine Darbietung nicht entgehen lassen wollten.

Mit stolzer Brust traten die Meister in die Arena und nach einem Gebet sowie der üblichen Begrüßungszeremonie konnte der Wettstreit starten.

Der erste Durchgang begann. Als eine Schar von Kranichen über die Arena flog, nahm der jüngste Meister seinen Bogen zur Hand und spannte den Pfeil. Er traf zielsicher den weit entfernten Kranich und dieser fiel, vom tödlichen Pfeil getroffen, zu Boden. Die Menschenmenge jubelte laut.

Der zweite Meister griff nach einem einfachen Stein, schleuderte diesen hoch in die Luft und sofort fiel ein weiterer Kranich tot vor ihre Füße. Die Zuschauer jubelten daraufhin noch lauter. Der älteste Meister jedoch fixierte nur mit seinem Blick einen Kranich, der innerhalb weniger Sekunden neben seinen Artgenossen tot am Boden landete. Nun begann die Menschenmenge zu toben und spendete tosenden Applaus.

Da erhob sich ein einfacher Mönch aus der Menge und erkläre, dass ein Kranichvogel ein Symbol der Wachsamkeit und Klugheit sei und zudem als „Vogel des Glücks" gelte.

Der Mönch ging mit traurigem Blick zu den drei Kranichen, die nur wegen eines unsinnigen Machtkampfes der Eitelkeit hatten sterben müssen.

Er rieb seine Hände aneinander und berührte die toten Vögel voller Mitgefühl. Innerhalb weniger Sekunden waren die Kraniche wieder zum Leben erweckt worden und flogen davon. Der Mönch drehte sich um und verließ unbemerkt den Schauplatz. In der ganzen Arena herrschte betroffenes Schweigen.

Nun hatte wohl jeder erkannt, wer der größte Meister war.

Nach einer alten Geschichte

Wahre Größe

Wahre Größe definiert sich oftmals im Ungesehenen und im Stillen.

Dies hat meist eine viel größere Wirkung als ein lautstarker Auftritt.

Lebensfreude

Lebensfreude bedeutet:

Ein Lächeln im Gesicht haben,

den Schalk im Nacken

und die Sonne im Herzen.

Auf der Suche

Buddha reiste zu seinen Lebzeiten viel durch die Welt, um seine Anhänger und auch andere Menschen zu treffen und ihnen seine Lehren zu vermitteln.

Ganz egal, an welchem Ort er sich befand, es strömten immer Menschen in großen Scharen herbei, um ihm zuzuhören, ihn zu berühren und sich von ihm einen Segen zu wünschen.

Einem einfachen Mönch war zu Ohren gekommen, dass Buddha einen Ort besuchen würde, der nur wenige Tagesreisen von ihm entfernt lag. Sogleich packte er sein Bündel und machte sich mit seinem Esel auf die Reise. Die erste Nacht verbrachte er in einem Wald unter einem Felsvorsprung. Als er am darauffolgenden Morgen wieder aufbrach, kam er an einem Bauernhof vorbei. Er traf die Bäuerin am Hof und fragte höflich, ob er seinen Esel tränken und am Brunnen seine Wasservorräte auffrischen dürfe.

Die Frau gewährte ihm seine Bitte und entschuldigte sich, dass sie ihm nicht mehr behilflich sein konnte. Sie erzählte kurz, dass ihr Mann schwer erkrankt war und seit Tagen das Bett nicht mehr verlassen hatte. Sie selbst war mit den kleinen Kindern restlos überfordert, die reife Ernte einzubringen, bevor diese verdarb.

Der Mönch betrachtete die Frau und erkannte, dass sie mit ihrer schmächtigen Statur niemals die Arbeit eines Mannes leisten konnte. Sie würde es nicht schaffen, in der gegebenen Zeit die Ernte einzubringen. Der Mönch konnte nicht anders, als seine Hilfe anzubieten, ganz in dem Bewusstsein, dass er Buddha an seinem derzeitigen Aufenthaltsort wohl nicht mehr antreffen würde.

Ganze drei Wochen verbrachte der Mönch bei der Familie, so lange bis die komplette Ernte eingebracht und der Bauer von seiner Krankheit genesen war.

Als er sich wieder auf die Reise machte, hatte er erfahren, dass Buddha weitergezogen war.

Unermüdlich heftete sich der Mönch an seine Spuren, aber bereits Tage später wurde er von einem gewaltigen Sturm überrascht. Da weit und breit keine Herberge in Sicht war, suchte der Mönch Zuflucht im Hause eines Schäfers. Er wurde freundlich aufgenommen und die Frau bereitete ihm eine warme Mahlzeit und ein Quartier für die Nacht.

Als er am nächsten Morgen aufbrechen wollte, suchte er nach seinen Wohltätern, um sich zu bedanken. Da sah er, dass der Sturm etliche Zäune niedergerissen und die ganze Schafherde verscheucht hatte. So schien es ihm unmöglich, diese Menschen zu verlassen, die ihn in seiner Not freundlich aufgenommen und ihm Kost und Logis gewährt hatten. Daher blieb er, um zu helfen, die Schafe wieder zusammenzutreiben und die Zäune zu reparieren.

So vergingen weitere Wochen und Buddha war weitergereist. Der Mönch jedoch heftete sich erneut an dessen Spuren. Als jedoch ein großes Unwetter über das Land zog, fand der Mönch Unterschlupf bei einem armen Müller. Dieser war sehr gastfreundlich und teilte sein Essen und seinen besten Wein mit dem Gast. Als er sich am nächsten Morgen verabschieden wollte, fand er den Müller laut weinend im Stall. Sein einziger Esel, den er dringend für seinen Broterwerb brauchte, war gestorben.

Da schenkte der fromme Mönch seinen Esel dem Müller und machte sich zu Fuß auf den Weg, um endlich auf Buddha zu treffen.

Wochen später, kurz vor seinem Ziel, machte er Rast an einem Fluss und meditierte. Plötzlich rissen ihn Hilfeschreie aus seiner Versunkenheit. Ein älteres Ehepaar war mit seinem Boot gekentert und es hätte ohne seine Hilfe dem sicheren Tod ins Auge geblickt. Aber erst, als die beiden Alten wieder bei Kräften waren, nahm er seinen Weg wieder auf.

Nach vielen Jahren, in denen er unermüdlich dem Weg Buddhas gefolgt war, kam ihm zu Ohren, dass dieser in seine Heimatstadt zurückgekehrt war, um zu sterben. Bisher war es immer zu einem Zwischenfall gekommen, bei dem seine Hilfe benötigt worden war, wenn den Buddha fast erreicht hätte.

„Das ist meine allerletzte Gelegenheit", dachte der Mönch bei sich. „Nun kann geschehen was will, aber ich lasse mich nicht mehr von meinem Weg abbringen, ohne Buddha gesehen, gesprochen und berührt zu haben.

Hinterher habe ich mein Leben lang genug Zeit, um anderen zu helfen!"

Nach weiteren Wochen, kurz bevor er endlich die Heimatstadt Buddhas erreichte, sah er einen verletzten Hirsch. Er kümmerte sich um ihn, reinigte seine Wunden und gab dem Tier zu trinken. Behutsam bettete er den Hirsch auf eine weiche Fläche von Moos und stellte frisches Wasser und Futter in die Nähe seiner Schnauze, bevor er sich zum Gehen wandte. Aber nach nur wenigen Schritten röchelte der Hirsch und schnappte verzweifelt nach Luft. Der Mönch sah sich um, aber weit und breit war kein Mensch in Sicht.

Da wusste er, dass er bleiben musste, denn wie könnte er Buddha in die Augen blicken, in dem Bewusstsein, ein sterbendes Wesen sich selbst überlassen zu haben.

Die ganze Nacht hindurch pflegte er den Hirsch, wechselte die Umschläge, gab ihm zu trinken und wachte über seinen Schlaf.

Bereits beim nächsten Sonnenaufgang hatte das Tier sich so weit erholt, dass der Mönch weiterziehen konnte. Da kam ein Reisender aus der Stadt und berichtete, dass Buddha in der Nacht gestorben war.

Dem Mönch kamen die Tränen, denn nun war auch die letzte Gelegenheit verstrichen. „Nun bin ich dir beinahe ein halbes Leben lang gefolgt und habe dich doch nie treffen können", bedauerte er.

„Suche nicht weiter nach mir", sagte plötzlich eine Stimme hinter ihm, „denn du hast mich bereits getroffen."

Als der Mönch sich umdrehte, sah er ein goldenes Licht, das die rundliche Körperform Buddhas widerspiegelte.

„Solange es Menschen wie dich gibt, die sich jahrein, jahraus auf die Suche nach mir begeben und währenddessen immer für andere Menschen und Wesen einstehen und dabei auf die eigenen Bedürfnisse verzichten, kann Buddha nicht sterben." Während sich das goldene Licht wieder auflöste, hörte er noch den letzten Satz, der den Mönch mit einem tiefen Frieden erfüllte. „Denn genau das ist Buddha. Buddha ist in dir."

Nach einer Geschichte

Freude bereiten

Wenn ich anderen Menschen

eine Freude bereite,

beschenke ich mich selbst.

Sei stolz auf dich!

Mach einmal eine Reise
in deine Vergangenheit.

Was hast du schon alles gesehen,
erlebt und gefühlt?

Was hast du bereits gelernt und erfahren?

Wie viele Aufgaben hast du gemeistert
und welche Probleme gelöst?

Wem hast du deine Unterstützung angeboten?

Deshalb klopf dir selbst auf die Schultern,
und sei endlich STOLZ AUF DICH!

Herzensschätze

Vor vielen Jahren gab es einen fleißigen Kaufmann, der das Erbe seiner Vorfahren wohl vermehrte und dessen Reichtum unermesslich war.

Als jedoch eine große Hungersnot über das ganze Land hereinbrach, verteilte der reiche Kaufmann beinahe sein ganzes Vermögen sowie seine Getreidevorräte an die Bedürftigen des Landes.

Seine Familie stellte sich gegen ihn und tadelte: „Wie kannst du nur unser Erbe und das Erbe all unserer Vorfahren verschwenden?"

Da erklärte der Vater, dass geholfen werden müsse, wo Not herrsche. All das Gute, das man gibt, würde auf irgendeine Art und Weise wieder zurückkommen!"

Wenige Jahre später kam es zu einer schweren Wirtschaftskrise. Die einst reiche Kaufmannsfamilie verlor dabei beinahe alles.

Als sich dies herum sprach, kamen all jene Menschen, die der Kaufmann damals vor dem Hungertod gerettet hatte und brachten Lebensmittel, Stoffe, Körbe und viele weitere Waren.

Dadurch konnte der Kaufmann wieder Handel treiben und zu Wohlstand gelangen.

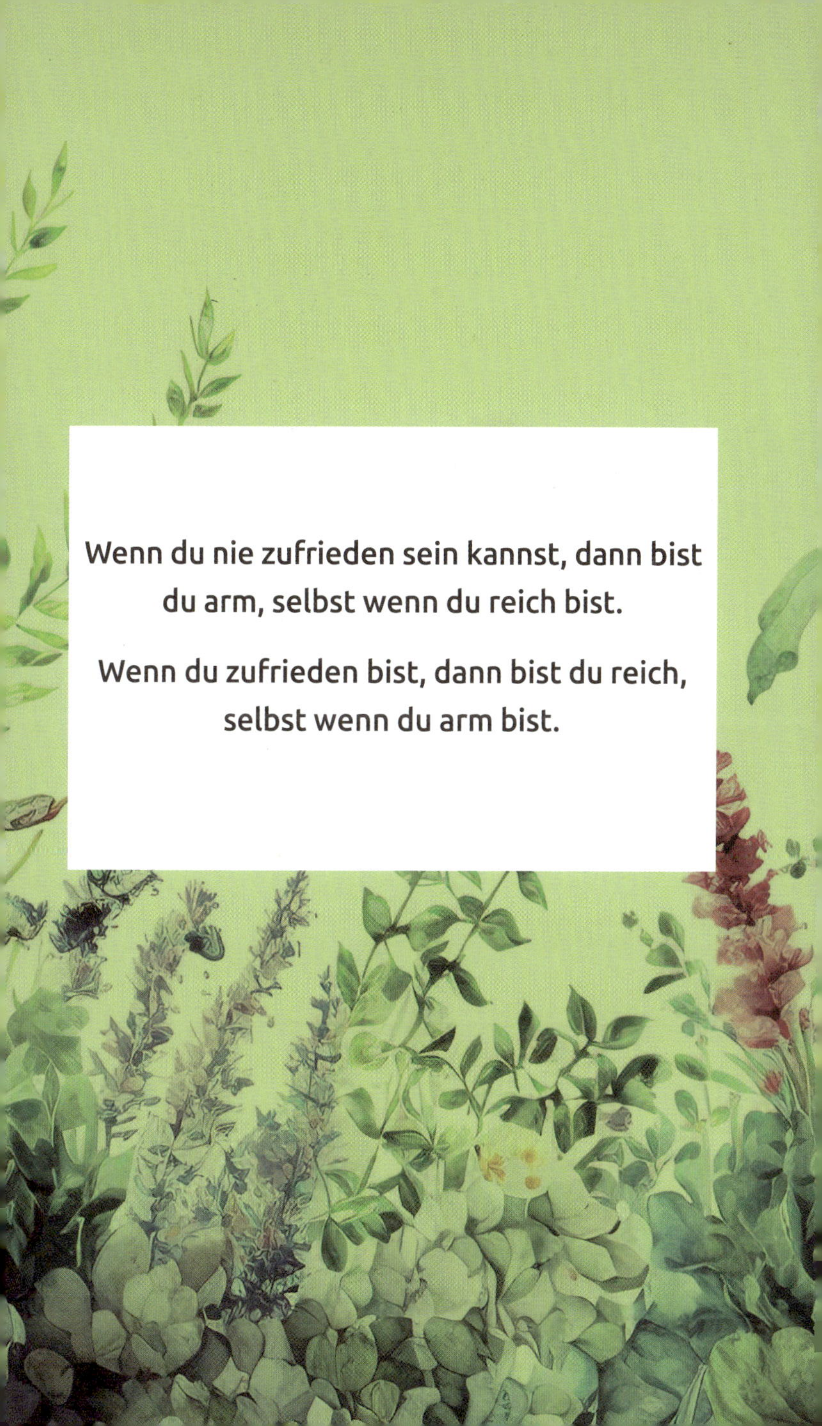

Wenn du nie zufrieden sein kannst, dann bist du arm, selbst wenn du reich bist.

Wenn du zufrieden bist, dann bist du reich, selbst wenn du arm bist.

Dipl. Erlebnisorientierte Teamtrainerin (CP)

BG RCI-Trainerin (Berufsgenossenschaft)

Zertifizierte Systemische Beraterin (Univ.)

Persönlichkeits-Trainerin

Coach für Persönlichkeits- & Teamentwicklung

Autorin

Autorin

Die Leidenschaft für Geschichten und Zitate wurde Gisela Rieger sprichwörtlich in die Wiege gelegt. Sie wuchs auf dem Land als einziges Mädchen mit fünf älteren Brüdern auf. Ihre Mutter kannte sich mit Märchen und Sagen aus und sie lauschte begeistert ihren Erzählungen.

Die Autorin bekam viele altbewährte Lebensweisheiten in Form von Geschichten, Aphorismen und Zitaten mit auf ihren Lebensweg.

Sie hegte schon im jungen Alter Interesse an Märchen und Geschichten und fing früh damit an diese zu sammeln sowie eigene Texte zu erfinden. In ihrer langjährigen Arbeit als Autorin, Coach für Persönlichkeitsentwicklung und Teamtrainerin erlebt sie immer wieder, wie Menschen sich durch Geschichten öffnen und weiterentwickeln.

„Wie für alles ein Kraut gewachsen ist" – so gibt es für jedes Lebensthema eine passende Geschichte.

In ihren Büchern versteht es die Autorin, eigene Erfahrungen und Gedanken geschickt mit wertvollen Botschaften zu verknüpfen. Für ihre kurzen Episoden und Anekdoten greift sie auch auf überlieferte Erzählungen und Weisheiten zurück, die bereits vielen Generationen das Herz geöffnet und die Richtung gewiesen haben.

Das Ergebnis sind wunderbar zu lesende, berührende und inspirierende Geschichten, die ihr im Laufe der Jahre eine treue Leserschaft beschert haben.

Bildnachweis: ADOBE STOCK©: Ilia: Cover, S. 1, 3–4, 5 / Aleksandra Smirnova: S. 6 / Juice Digital: 7 /arahan: S. 9 / Maciej: S. 10 / NATALIIA TOSUN: S. 11 / Vjom: S. 13 / Maria: S. 14 / dariaustiugova: S. 16 / alexilly: S. 17 / helenagl: S. 19 / peterschreiber.media: S. 21 / Anna Druzhkova: S. 23 / Lilia: S. 25 / yan: S. 26 / Anna: S. 33 / brainwashed 4 you: S. 35 / GreenPencil: S. 36 / Ellivelli: S. 41 / Lena: S. 43 / Kateryna Kovarzh: S. 45 / eliahinsomnia: 46–47 / dreamloud: S. 49 / scusi: S. 50 / Wiola: S. 54 / Tolchik: S. 57 / neirfy: S. 59 / BillionPhotos.com: S. 60 / Mannaggia: S. 63 / vaneeva: S. 64 / okalinichenko: S. 67 / 2ragon: S. 68 / oksanaok: S. 71 / mikabesfamilnaya: S. 72 / dariaustiugova: S. 75 / Yexl: S. 76 / DivineWorld: S. 77 / IBEX.Media: S. 78 / Vector Tradition: S. 81 / 2ragon: S. 82 / meredesign: S. 83 / Annika Gandelheid: S. 84 / cristina: S. 85 / BARIS: S. 87 / supergrey: S. 89 / adrenalinapura: S. 91 / helenagl: S. 92 / fuzzylogickate: S. 95 / perunj: S. 96 / darkmedia: S. 99 / cofficevit: S. 100 / Andreichenko: S. 103 / animedigitalartstudi: S. 104 / supergrey: S. 105 / Elena: S. 109 / Elena: S. 110 / Marina Grau: S. 113 / daicokuebisu: S. 115 / Larisa: S. 116 / WernerHilpert: S. 122 / lila: S. 125 / Gisela Rieger: S. 126